1. Elementarmathematik

1.1 Allgemeines

Elementare mathematische Zeichen

$=$	gleich	$\ll$	sehr klein gegen
$\equiv$	identisch gleich	$\gg$	sehr groß gegen
$:=$	nach Definition gleich	$\parallel$	parallel zu
$\neq$	nicht gleich, ungleich	$\nparallel$	nicht parallel zu
$\sim$	proportional	$\upuparrows$	gleichsinnig parallel zu
$\approx$	angenähert gleich, nahezu gleich, rund	$\uparrow\downarrow$	gegensinnig parallel zu
$\triangleq$	entspricht	$\perp$	rechtwinklig zu, senkrecht auf
$<$	kleiner als	$\cong$	kongruent zu (auch $\simeq$)
$>$	größer als	$\sim$	ähnlich zu
$\leqq$	kleiner oder gleich, höchstens gleich (auch $\leq$)	$\overline{AB}$	Länge der Strecke AB (auch $\lvert AB \rvert$, $d(AB)$)
$\geqq$	größer oder gleich, mindestens gleich (auch $\geq$)	$\overrightarrow{AB}$	Vektor A, B

Quantoren: $\bigwedge_{x \in M}$ für alle x aus M gilt; $\bigvee_{x \in M}$ es gibt (mindestens) ein x aus M, für das gilt

Zahlenmengen (Standardmengen)

$\mathbb{N}$	$= \{0; 1; 2; 3; \dots\}$	Menge der natürlichen Zahlen mit der Zahl 0 (früher $\mathbb{N}_0$)
$\mathbb{N}^*$	$= \mathbb{N} \setminus \{0\} = \{1; 2; 3; \dots\}$	Teilmenge aller Zahlen $n \in \mathbb{N}$ ohne die Zahl 0 (früher $\mathbb{N}$)
$\mathbb{Z}$	$= \{\dots; -2; -1; 0; 1; 2; \dots\}$	Menge der ganzen Zahlen
$\mathbb{Z}^*$	$= \{\dots; -2; -1; 1; 2; \dots\} = \mathbb{Z} \setminus \{0\}$	Teilmenge aller Zahlen aus $\mathbb{Z}$ ohne die Zahl 0
$\mathbb{Q}$	$= \left\{\frac{z}{n} \mid z, n \in \mathbb{Z}, n \neq 0; z, n \text{ teilerfremd}\right\}$	Menge der rationalen Zahlen
$\mathbb{Q}^*; \mathbb{Q}^*_+; \mathbb{Q}_+; \mathbb{Q}^*_-; \mathbb{Q}_-$		Teilmengen der Menge $\mathbb{Q}$ analog den Teilmengen von $\mathbb{R}$
$\mathbb{R}$	$= \{x \mid x = \lim\limits_{n \to \infty} q_n; q_n \in \mathbb{Q}\}$	Menge der reellen Zahlen
$\mathbb{R}^*$	$= \mathbb{R} \setminus \{0\}$	Teilmenge aller Zahlen aus $\mathbb{R}$ ohne die Zahl 0
$\mathbb{R}^*_+$	$= \{x \mid x > 0 \text{ und } x \in \mathbb{R}\}$	Teilmenge der positiven Zahlen aus $\mathbb{R}$ (auch $\mathbb{R}^+$)
$\mathbb{R}_+$	$= \{x \mid x \geq 0 \text{ und } x \in \mathbb{R}\}$	Teilmenge der nicht negativen Zahlen aus $\mathbb{R}$ (auch $\mathbb{R}^+_0$)
$\mathbb{R}^*_-$	$= \{x \mid x < 0 \text{ und } x \in \mathbb{R}\}$	Teilmenge der negativen Zahlen aus $\mathbb{R}$ (auch $\mathbb{R}^-$)
$\mathbb{R}_-$	$= \{x \mid x \leq 0 \text{ und } x \in \mathbb{R}\}$	Teilmenge der nicht positiven Zahlen aus $\mathbb{R}$ (auch $\mathbb{R}^-_0$)
$\mathbb{R} \times \mathbb{R}$	$= \{(x, y) \mid x \in \mathbb{R} \text{ und } y \in \mathbb{R}\}$	Menge der geordneten Paare reeller Zahlen (das „kartesische Produkt $\mathbb{R}$ kreuz $\mathbb{R}$“)
$\mathbb{R} \times \mathbb{R} \times \dots \times \mathbb{R}$	$= \mathbb{R}^n$	Menge der geordneten n-Tupel reeller Zahlen
$\mathbb{C}$	$= \{a+bi \mid a, b \in \mathbb{R}; i^2 = -1\}$	Menge der komplexen Zahlen

1.2 Rechnen

Grundrechenoperationen

Rechenoperation	Ordnung	Verknüpfung	Zahl a heißt	Zahl b heißt	Zahl c heißt
Addition	1.	$a + b = c$	Summand	Summand	Summe
Subtraktion	1.	$a - b = c$	Minuend	Subtrahend	Differenz
Multiplikation	2.	$a \cdot b = c$	erster Faktor (Multiplikand)	zweiter Faktor (Multiplikator)	Produkt
Division	2.	$a : b = c; b \neq 0$	Dividend	Divisor	Quotient
Potenzierung	3.	$a^b = c$	Basis	Exponent	Potenz
Radizierung	3.	$\sqrt[b]{a} = c$	Radikand	Exponent	Wurzel
Logarithmierung	3.	$\log_b a = c$	Numerus	Basis	Logarithmus

Bruchrechnen

($a, b, c, d \in \mathbb{Z}$; Nenner $\neq$ Null)

Bruch: $\frac{a}{b}$, a heißt Zähler, b heißt Nenner; $\frac{b}{a}$ heißt Kehrbruch (reziproker Bruch) zu $\frac{a}{b}$, $\frac{a}{b} \cdot \frac{b}{a} = 1$.

Gleichheit: $\frac{a}{b} = \frac{c}{d} \Leftrightarrow a : b = c : d \Leftrightarrow a \cdot d = b \cdot c \Leftrightarrow$ Es gibt ein $k \neq 0$ mit $a = k \cdot c$ und $b = k \cdot d$.

Erweitern: $\frac{a}{b} = \frac{a \cdot k}{b \cdot k}$ für $k \neq 0$. Kürzen: $\frac{a}{b} = \frac{a : k}{b : k}$ für $k \neq 0$

Addition und Subtraktion gleichnamiger Brüche: $\frac{a}{b} \pm \frac{c}{b} = \frac{a \pm c}{b}$

Addition und Subtraktion ungleichnamiger Brüche: $\frac{a}{b} \pm \frac{c}{d} = \frac{ad \pm bc}{bd}$

Multiplikation: $\frac{a}{b} \cdot \frac{c}{d} = \frac{a \cdot c}{b \cdot d} = \frac{ac}{bd}$; Division: $\frac{a}{b} : \frac{c}{d} = \frac{a}{b} \cdot \frac{d}{c} = \frac{a \cdot d}{b \cdot c} = \frac{ad}{bc}$

Prozentrechnung

(p % (vom Hundert) $= \frac{p}{100}$ des Grundwertes; Prozentwert W, Prozentsatz p %, Grundwert G)

Lösungsansatz: $G : W = 100 : p$

Prozentwert $W = \frac{G \cdot p}{100}$

Zinsrechnung

(Jahreszinssatz p % $= \frac{p}{100}$ des Kapitals; Kapital K, Jahreszinsen z; n Zeit in Jahren, m Anzahl der Monate, t Anzahl der Tage)

Jahreszinsen $z = \frac{K \cdot n \cdot p}{100}$

Zinszahl $\frac{K \cdot t}{100}$, Zinsteiler $\frac{360}{p}$; Monatszinsen $z_m = \frac{K \cdot m \cdot p}{1200}$, Tageszinsen $z_t = \frac{\text{Zinszahl}}{\text{Zinsteiler}} = \frac{K \cdot t \cdot p}{36000}$.

Zinseszinsrechnung

(Jahreszinssatz p %, Zinsfaktor $q = 1 + 0{,}01\,p = 1 + \frac{p}{100}$, Anzahl der Jahre n)

Endwert K_n des Anfangskapitals K_0 nach n Jahren: $K_n = K_0 \cdot q^n$; $n = \frac{\lg K_n - \lg K_0}{\lg q}$.

Arithmetische Folgen und Reihen

(a_1 Anfangsglied, a_n Endglied, a_k k-tes Glied, d Differenz, n Anzahl der Glieder, s_n Summe der ersten n Glieder). Die Differenz d zweier aufeinanderfolgender Glieder ist konstant.

Endliche arithmetische Folge: $a_1, a_2 = a_1 + d, a_3 = a_1 + 2d, \ldots, a_k = a_1 + (k-1)d, \ldots, a_n = a_1 + (n-1)d$.

Summe der ersten n Glieder: $s_n = a_1 + a_2 + a_3 + \ldots + a_n = \sum_{i=1}^{n} a_i = \frac{n}{2}(a_1 + a_n) = \frac{n}{2}[2a_1 + (n-1)d]$.

Geometrische Folgen und Reihen

(g_1 Anfangsglied, g_n Endglied, g_k k-tes Glied, q Quotient, n Anzahl der Glieder, s_n Summe der ersten n Glieder)

Endliche geometrische Folge: $g_1, g_2 = g_1 q, g_3 = g_1 q^2, \ldots, g_k = g_1 q^{k-1}, \ldots, g_n = g_1 q^{n-1}$.

Der Quotient q zweier aufeinanderfolgender Glieder ist konstant: $q = \frac{g_k}{g_{k-1}} = \frac{g_{k+1}}{g_k}$ für $1 < k < n$.

Summe der ersten n Glieder: $s_n = g_1 + g_2 + g_3 + \ldots + g_n = \sum_{k=1}^{n} g_k = g_1 \frac{q^n - 1}{q - 1} = g_1 \frac{1 - q^n}{1 - q}$ für $q \neq 1$.

Unendliche geometrische Reihe

$g_1 + g_1 q + g_2 q^2 + \ldots + g_1 q^{n-1} + \ldots = \lim_{n \to \infty} s_n = \frac{g_1}{1 - q}$ für $|q| < 1$.

Potenzsummen

$1 + 2 + 3 + \ldots + n = \frac{n(n+1)}{2}$

$1^2 + 2^2 + 3^2 + \ldots + n^2 = \frac{n(n+1)(2n+1)}{6}$

$1^3 + 2^3 + 3^3 + \ldots + n^3 = \frac{n^2(n+1)^2}{4}$

$1^4 + 2^4 + 3^4 + \ldots + n^4 = \frac{n(n+1)\,(2n+1)\,(3n^2+3n-1)}{30}$

$1^5 + 2^5 + 3^5 + \ldots + n^5 = \frac{n^2(n+1)^2(2n^2 + 2n - 1)}{12}$

1.3 Algebra

Grundgesetze

Für alle (nicht notwendig verschiedenen) Zahlen a, b, c, gilt:

Gesetz	Addition	Multiplikation
Kommutativgesetze (Vertauschungsgesetze)	$a + b = b + a$	$a \cdot b = b \cdot a$
Assoziativgesetze (Verbindungsgesetze)	$a + (b + c) = (a + b) + c$	$a \cdot (b \cdot c) = (a \cdot b) \cdot c$
Distributivgesetz (Verteilungsgesetz)	$a \cdot (b + c) = a \cdot b + a \cdot c$	
Neutrale Elemente 0 und 1	$a + 0 = 0 + a = a$	$a \cdot 1 = 1 \cdot a = a$
Inverse Elemente	$a + (-a) = a - a = 0$	$a \cdot \frac{1}{a} = 1$
Multiplikative Eigenschaft der Zahl 0		$a \cdot 0 = 0 \cdot a = 0$

Dezimaldarstellung von Zahlen

Rationale Zahlen können durch einen Bruch $\frac{z}{n}$ mit $z \in \mathbb{Z}$ und $n \in \mathbb{Z} \setminus \{0\}$ (als Repräsentanten) angegeben werden. Dezimaldarstellungen von rationalen Zahlen sind stets abbrechend oder periodisch. $\frac{z}{n}$ hat eine Dezimaldarstellung, deren Periode höchstens die Länge $n-1$ besitzt.

Irrationale Zahlen können nicht durch einen Bruch $\frac{z}{n}$ mit $z \in \mathbb{Z}$ und $n \in \mathbb{Z} \setminus \{0\}$ angegeben werden.

Irrationale Zahlen haben unendliche, nicht-periodische Dezimaldarstellungen (Beispiele: $\sqrt{2}$, e, π, ...).
Eine **reelle Zahl** ist entweder rational oder irrational.

Primzahlen

Jede von 0; 1 und -1 verschiedene ganze Zahl p, die außer den vier Teilern ± 1 und $\pm p$ keine weiteren Teiler besitzt, heißt eine Primzahl. (Oft werden nur natürliche Zahlen zugrunde gelegt.)

Jede von 0 und ± 1 und den Primzahlen verschiedene Zahl heißt zusammengesetzt.

Jede natürliche Zahl $n > 1$ läßt sich auf eine und nur eine Weise als Produkt positiver Primzahlen darstellen.

Termumformungen

Binomische Formeln

$(a + b)^2 = a^2 + 2ab + b^2$

$(a - b)^2 = a^2 - 2ab + b^2$

$a^2 + b^2$ ist in $\mathbb{R}$ nicht in Linearfaktoren zerlegbar

$a^2 - b^2 = (a + b)(a - b)$

Zur Zerlegung in Faktoren

$ab + ac - ad = a(b + c - d)$

$a^2 - b^2 = (a + b)(a - b)$

$a^2 \pm 2ab + b^2 = (a \pm b)^2$

$x^2 - (a + b)x + ab = (x - a)(x - b)$

Weitere Formeln

$(a + b)^3 = a^3 + 3a^2b + 3ab^2 + b^3$

$(a - b)^3 = a^3 - 3a^2b + 3ab^2 - b^3$

$(a + b)^4 = a^4 + 4a^3b + 6a^2b^2 + 4ab^3 + b^4$

$a^3 + b^3 = (a + b)(a^2 - ab + b^2)$

$a^3 - b^3 = (a - b)(a^2 + ab + b^2)$

$(a - b)^4 = a^4 - 4a^3b + 6a^2b^2 - 4ab^3 + b^4$

Potenzen und Wurzeln

(x^n n-te Potenz, x Basis, n Exponent bzw. Potenzexponent;
$\sqrt[n]{x}$ n-te Wurzel, x Radikand, n Exponent bzw. Wurzelexponent)

Definitionen: $x^n := x \cdot x \cdot \ldots \cdot x = x \cdot x^{n-1}$ ($x \in \mathbb{R}$; $n \in \mathbb{N}$; $n \geq 2$);
$x^1 = x$; $x^0 = 1$; $0^0 = 1$.

$\sqrt[n]{x}$ ist für $n \in \mathbb{N}^*$ und $x \geq 0$ die eindeutig bestimmte, nicht-negative reelle Zahl, deren n-te Potenz x ist: $y = \sqrt[n]{x} \Leftrightarrow y^n = x$.

$\sqrt{x}$ ist für $x \geq 0$ die eindeutig bestimmte, nicht-negative reelle Zahl, deren Quadrat x ist: $(\sqrt{x})^2 = x$ für $x \geq 0$; $\sqrt{x^2} = |x|$ für alle $x \in \mathbb{R}$.

Monotoniegesetze: Wenn $0 < u < v$, dann $u^n < v^n$ und $\sqrt[n]{u} < \sqrt[n]{v}$.

Quadratsummen: Für alle $u, v \in \mathbb{R}$ ist $u^2 + v^2 \geq 0$
und aus $u^2 + v^2 = 0$ folgt $u = v = 0$.

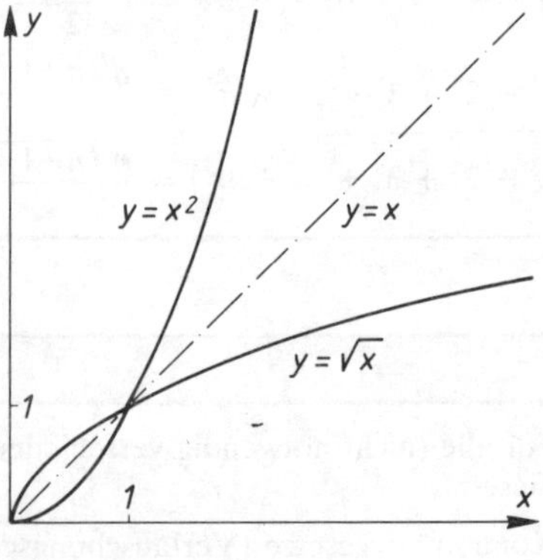

Potenzgesetze

($m, n \in \mathbb{Z}$; $u, v, x \in \mathbb{R} \setminus \{0\}$).
Die Potenzgesetze gelten auch für $m, n \in \mathbb{R}$; $u, v, x \in \mathbb{R}^+$.)

$x^m \cdot x^n = x^{m+n}$; $x^m : x^n = x^{m-n}$

$u^n \cdot v^n = (uv)^n$; $u^n : v^n = \left(\frac{u}{v}\right)^n$

$(x^m)^n = x^{mn} = (x^n)^m$

$x^n = \frac{1}{x^{-n}}$; $x^{-n} = \frac{1}{x^n}$; $\left(\frac{u}{v}\right)^n = \left(\frac{v}{u}\right)^{-n}$

($n \in \mathbb{N}^*$, $n \geq 2$; $x \in \mathbb{R}^+$)

$x^{\frac{1}{n}} = \sqrt[n]{x}$;

$x^{\frac{m}{n}} = \sqrt[n]{x^m}$;

$x^{-\frac{m}{n}} = \frac{1}{\sqrt[n]{x^m}}$

Es ist $x = \sqrt{x^2}$ für $x \geqq 0$,
aber $x = -\sqrt{x^2}$ für $x \leqq 0$.

Wurzelgesetze

($m, n, k \in \mathbb{N}^*$; $u, v, x \in \mathbb{R}_0^+$)

$\sqrt[n]{u} \cdot \sqrt[n]{v} = \sqrt[n]{u \cdot v}$

$\sqrt[n]{u} : \sqrt[n]{v} = \sqrt[n]{u : v}$ für $v \neq 0$

$\sqrt[m]{\sqrt[n]{x}} = \sqrt[mn]{x} = \sqrt[n]{\sqrt[m]{x}}$

$\sqrt[n]{x^m} = \left(\sqrt[n]{x}\right)^m$

$\sqrt[n]{x^m} = \sqrt[n \cdot k]{x^{m \cdot k}}$

Logarithmen

(x Numerus, b Basis, y Logarithmus von x zur Basis b)
$\log_{10} x = \lg x$, $\log_2 x = \operatorname{lb} x$, $\log_e x = \ln x$; $e \approx 2{,}718281828$.

Definition: $y = \log_b x \Leftrightarrow b^y = x$ ($b \in \mathbb{R}^+ \setminus \{1\}$; $x \in \mathbb{R}^+$)
$\log_b x$ ist die eindeutig bestimmte reelle Zahl, mit der man b potenzieren muß, um x zu erhalten: $b^{\log_b x} = x$.

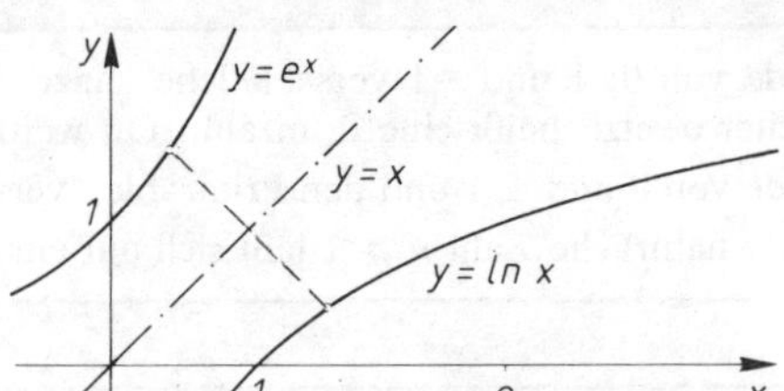

Gesetze ($u, v \in \mathbb{R}^+$; $r \in \mathbb{R}$)

$\log_b (u \cdot v) = \log_b u + \log_b v$; $\log_b \frac{u}{v} = \log_b u - \log_b v$

$\log_b(u^r) = r \cdot \log_b u$; $\log_b \sqrt[n]{u} = \frac{1}{n} \cdot \log_b u$; $\log_b \frac{u}{v} = -\log_b \frac{v}{u}$.

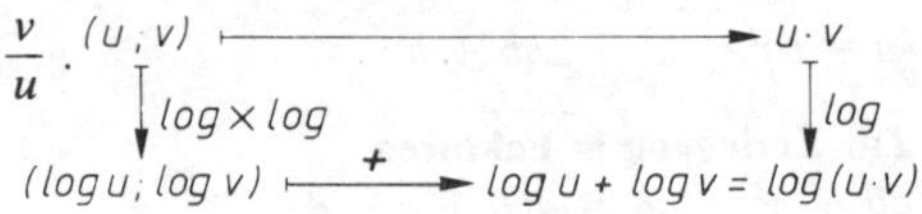

$b^{\log_b x} = x$; $\log_b b = 1$; $\log_b 1 = 0$; $\log_b (b^n) = n$
$e^{\ln x} = x$; $\ln e = 1$; $\ln 1 = 0$; $\ln (e^n) = n$

Basiswechsel mit Hilfe von: $\log_b x = \log_b c \cdot \log_c x$; $\log_b c \cdot \log_c b = 1$ für $b, c \in \mathbb{R}^+ \setminus \{1\}$.

Monotoniegesetze: Wenn $0 < u < v$, dann $\log_b u < \log_b v$, falls $b > 1$;
wenn $0 < u < v$, dann $\log_b u > \log_b v$, falls $b < 1$.

Beweisverfahren der vollständigen Induktion

Vorgegeben ist eine Aussageform $A(n)$ bezüglich der Grundmenge $\mathbb{N}^*$. Um nachzuweisen, daß diese Aussageform $A(n)$ bezüglich $\mathbb{N}^*$ allgemeingültig ist (daß ihre Lösungsmenge L mit $\mathbb{N}^*$ zusammenfällt), genügt es zu zeigen:

I. 1 ist ein Lösungselement von $A(n)$. **(Induktionsanfang, Induktionsverankerung)**

II. Wenn n_0 ein Lösungselement von $A(n)$ ist, dann ist stets auch $n_0 + 1$ ein Lösungselement von $A(n)$. **(Induktionsschluß, Schluß von n auf $n + 1$)**

Grundbegriffe der Gleichungslehre

Sind T_l und T_r Terme über der gleichen Grundmenge G, so nennt man $T_l = T_r$ eine Gleichung bezüglich der **Grundmenge** G. Die Terme können Variablen enthalten.

Diejenigen Elemente der Grundmenge G einer Gleichung $T_l = T_r$, nach deren Einsetzung für die Variablen die Gleichung eine Aussage ist, bilden die **Definitionsmenge** D.

Diejenigen Elemente der Grundmenge G einer Gleichung $T_l = T_r$, nach deren Einsetzung für die Variablen die Gleichung eine wahre Aussage ist, bilden die **Lösungsmenge** (Erfüllungsmenge) L,

Eine Gleichung heißt bezüglich der Grundmenge G
allgemeingültig, wenn $L = G$;
lösbar (erfüllbar), wenn $L \subseteq G$ und $L \neq \emptyset$;
unlösbar (nicht erfüllbar), wenn $L = \emptyset$.

Zwei Gleichungen A_1 und A_2 nennt man bezüglich einer Grundmenge G (zueinander) äquivalent, wenn sie die gleiche Lösungsmenge L besitzen.
Man schreibt $A_1 \overset{G}{\Longleftrightarrow} A_2$ oder kurz $A_1 \Longleftrightarrow A_2$. Gelesen: A_1 ist bezüglich G äquivalent A_2.

Eine Umformung, durch welche eine Gleichung A_1 durch eine zu ihr äquivalente Gleichung A_2 ersetzt wird, heißt **Äquivalenzumformung**.

Multipliziert (dividiert) man beide Seiten einer Gleichung $T_l = T_r$ mit demselben (durch denselben) Term T, der für die gesamte Definitionsmenge D von $T_l = T_r$ erklärt ist, so ändert sich die Lösungsmenge L nur dann sicher nicht, wenn T bei keiner Belegung seiner Variablen mit Elementen von D den Wert 0 annimmt.

Lineare Gleichungssysteme mit zwei Variablen

Werden zwei lineare Gleichungen mit zwei Variablen konjunktiv verknüpft, so entsteht ein lineares Gleichungssystem
$$\begin{aligned} a_1x + b_1y &= c_1 \\ a_2x + b_2y &= c_2 \end{aligned}$$
bezüglich der Grundmenge $\mathbb{R} \times \mathbb{R}$.

Lösungsverfahren sind das Additionsverfahren, das Einsetzungsverfahren und das Gleichsetzungsverfahren.

Determinanten des Gleichungssystems:

$D = a_1b_2 - a_2b_1$, $D_1 = b_2c_1 - b_1c_2$, $D_2 = a_1c_2 - a_2c_1$.

1. Fall: $D \neq 0$.
Die Lösungsmenge hat ein Element: $L = \left\{\left(\frac{D_1}{D}, \frac{D_2}{D}\right)\right\} = \left\{\left(\frac{b_2c_1 - b_1c_2}{a_1b_2 - a_2b_1}, \frac{a_1c_2 - a_2c_1}{a_1b_2 - a_2b_1}\right)\right\}$

2. Fall: $D = 0$, $D_1 \neq 0$ oder $D_2 \neq 0$.
Das Gleichungssystem ist unerfüllbar (beide Gleichungen widersprechen einander), $L = \emptyset$.

3. Fall: $D = 0$, $D_1 = 0$ und $D_2 = 0$.
Die Lösungsmenge hat unendlich viele Elemente (beide Gleichungen sind einander äquivalent),
$L = \{(x_0; y_0) \mid a_1x_0 + b_1y_0 = c_1 \text{ und } x_0, y_0 \in \mathbb{R}\}$.

Quadratische Gleichungen mit einer Variablen

Allgemeine Form	**Normierte Form**
$ax^2 + bx + c = 0;\ a \neq 0$	$x^2 + px + q = 0$

Bezüglich der Grundmenge $\mathbb{C}$ erhält man die Lösungsmenge

mit $L = \{x_1, x_2\}$

$x_{1;2} = \dfrac{-b \pm \sqrt{b^2 - 4ac}}{2a}$	$x_{1;2} = -\dfrac{p}{2} \pm \sqrt{\dfrac{p^2}{4} - q} = -\dfrac{p}{2} \pm \sqrt{\left(\dfrac{p}{2}\right)^2 - q}$

Bezüglich der Grundmenge $\mathbb{R}$ sind drei mögliche Fälle zu unterscheiden, die durch die **Diskriminante**

$D = b^2 - 4ac$	$D = \dfrac{p^2}{4} - q = \left(\dfrac{p}{2}\right)^2 - q$

festgelegt werden:
Ist $D > 0$, dann erhält man zwei verschiedene reelle Lösungselemente (zwei Lösungen), $L = \{x_1, x_2\}$;
ist $D = 0$, dann erhält man ein reelles Lösungselement (zwei zusammenfallende Lösungen), $L = \{x_1\} = \{x_2\}$;
ist $D < 0$, dann erhält man kein reelles Lösungselement (keine reelle Lösung), $L = \emptyset$.

Satz von VIETA
Für die Lösungselemente x_1 und x_2 gilt:

$x_1 + x_2 = -\dfrac{b}{a};\quad x_1 \cdot x_2 = \dfrac{c}{a}$	$x_1 + x_2 = -p;\quad x_1 \cdot x_2 = q$

Zerlegung in Linearfaktoren

$a(x - x_1)(x - x_2) = 0$	$(x - x_1)(x - x_2) = 0$

Gleichungen n-ten Grades

Ein Term $P_n(x) = a_n x^n + a_{n-1} x^{n-1} + \ldots + a_2 x^2 + a_1 x + a_0$ *mit* $a_n \neq 0$ und reellen Koeffizienten $a_n, a_{n-1}, \ldots, a_1, a_0$ heißt ein (reelles) **Polynom** n-ten Grades.
Lösungselemente der Gleichung n-ten Grades $a_n x^n + a_{n-1} x^{n-1} + \ldots + a_2 x^2 + a_1 x + a_0 = 0$ heißen Nullstellen dieses Polynoms $P_n(x)$.
Ist x_1 eine Nullstelle des gegebenen Polynoms $P_n(x)$, so kann $P_n(x)$ mittels **Polynomdivision** (Partialdivision) ohne Rest durch $x - x_1$ geteilt werden; man erhält $P_n(x) = (x - x_1) P_{n-1}(x)$.
Es ist $P_{n-1}(x) = P_n(x) : (x - x_1)$.

Ist x_1 auch Nullstelle von $P_{n-1}(x)$, so kann $P_{n-1}(x)$ auch ohne Rest durch $x - x_1$ dividiert werden; man erhält $P_n(x) = (x - x_1)^2 P_{n-2}(x)$.

Gilt $P_n(x) = (x - x_1)^k P_{n-k}(x)$ und ist x_1 keine Nullstelle von $P_{n-k}(x)$, so ist x_1 eine Nullstelle von $P_n(x)$ mit der Vielfachheit k (eine algebraisch k-fach zu zählende Nullstelle).

Satz von VIETA
Hat die normierte Gleichung $P_n(x) = x^n + a_{n-1} x^{n-1} + \ldots + a_1 x + a_0 = 0$ die (nicht notwendig verschiedenen) Lösungselemente $x_1, x_2, \ldots, x_n$, so ist $P_n(x) = (x - x_1)(x - x_2) \ldots (x - x_n)$ und es bestehen die Beziehungen:

$$x_1 + x_2 + \ldots + x_{n-1} + x_n = -a_{n-1};\quad x_1 x_2 + x_1 x_3 + \ldots + x_{n-1} x_n = a_{n-2};\quad \ldots;\quad x_1 \cdot x_2 \cdot \ldots \cdot x_{n-1} \cdot x_n = (-1)^n a_0.$$

Fundamentalsatz der Algebra
Jedes Polynom n-ten Grades hat über dem Körper der komplexen Zahlen genau n Nullstellen, wobei diese mit ihrer Vielfachheit zu zählen (und auch komplexe Koeffizienten im Polynom zugelassen) sind.

Polynome mit reellen Koeffizienten
Besitzt ein reelles Polynom eine komplexe Nullstelle x_1, so ist auch die konjugiert komplexe Zahl $\overline{x_1}$ Nullstelle dieses Polynoms.
Reelle Polynome von ungeradem Grad haben mindestens eine reelle Nullstelle; es gibt reelle Polynome von geradem Grad, die keine reelle Nullstelle besitzen.

Polynome mit ganzzahligen Koeffizienten
Hat ein Polynom $P_n(x) = a_n x^n + a_{n-1} x^{n-1} + \ldots + a_1 x + a_0$ nur ganzzahlige Koeffizienten, so ist jede denkbare ganzzahlige Nullstelle x_1 ein (positiver oder negativer) Teiler von a_0.

Komplexe Zahlen

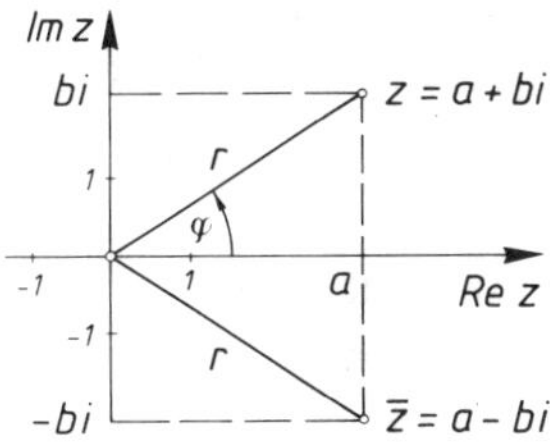

Normalform: $z = a + bi$ mit $a, b \in \mathbb{R}$; $i^2 = -1$

$a = \text{Re } z$ (Realteil von z), $b = \text{Im } z$ (Imaginärteil von z)

Polarform: $z = r(\cos\varphi + i \cdot \sin\varphi)$ mit $r \in \mathbb{R}$, $r \geq 0$, $0 \leq \varphi < 2\pi$

$r = |z|$ heißt Betrag von z; φ heißt Argument von z.

Exponentialform: $z = re^{i\varphi}$ mit $e^{i\varphi} = \cos\varphi + i \cdot \sin\varphi$ (φ Bogenmaß)

Zusammenhänge: $r = +\sqrt{a^2 + b^2}$; $\tan\varphi = \dfrac{b}{a}$, $\cos\varphi = \dfrac{a}{r}$, $\sin\varphi = \dfrac{b}{r}$

(φ ist unendlich vieldeutig, Hauptwert $0 \leq \varphi < 2\pi$)

Rechenoperationen (Verknüpfungen)

$z_1 + z_2 = (a_1 + b_1 i) + (a_2 + b_2 i) = a_1 + a_2 + (b_1 + b_2)i = r_1\cos\varphi_1 + r_2\cos\varphi_2 + (r_1\sin\varphi_1 + r_2\sin\varphi_2)i$

$z_1 \cdot z_2 = (a_1 a_2 - b_1 b_2) + (a_1 b_2 + a_2 b_1)i = r_1 r_2[\cos(\varphi_1 + \varphi_2) + i \cdot \sin(\varphi_1 + \varphi_2)] = r_1 r_2 e^{i\omega}$ mit $\omega = \varphi_1 + \varphi_2$.

$(\mathbb{C}, +, \cdot)$ ist ein Körper; $0 + 0i$ ist neutrales Element bezüglich der Addition,
$1 + 0i$ ist neutrales Element bezüglich der Multiplikation.

$z = a + bi$ und $\bar{z} = a - bi$ heißen (zueinander) **konjugiert komplexe Zahlen.**

$\overline{z + w} = \bar{z} + \bar{w}$; $\overline{z \cdot w} = \bar{z} \cdot \bar{w}$; $z + \bar{z} = 2 \cdot \text{Re } z$; $z - \bar{z} = 2i \cdot \text{Im } z$

$z \cdot \bar{z} = (a + bi)(a - bi) = a^2 + b^2 = |z|^2 = r^2$; $z\bar{z} = r^2 \geq 0$ für alle $z \in \mathbb{C}$

$z^n = [r(\cos\varphi + i \cdot \sin\varphi)]^n = r^n(\cos n\varphi + i \cdot \sin n\varphi)$ (Formel von Moivre)

1.4 Planimetrie (Berechnung ebener Figuren)

Winkel

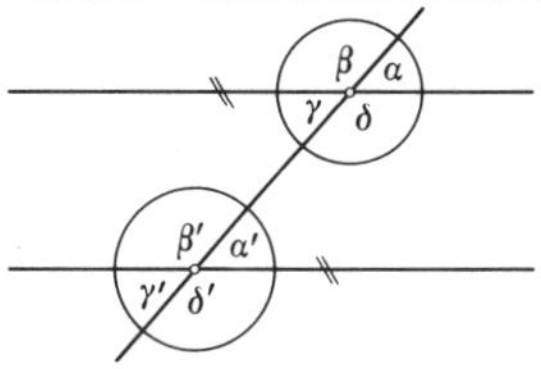

Winkel zwischen zwei sich schneidenden Geraden
Nebenwinkel ergänzen sich zu 180°: $\alpha + \beta = \beta + \gamma = \gamma + \delta = \delta + \alpha = 180°$.
Scheitelwinkel sind gleich groß: $\alpha = \gamma$, $\beta = \delta$.

Winkel an geschnittenen Parallelen
Stufenwinkel an Parallelen sind gleich groß: $\alpha = \alpha'$, $\beta = \beta'$, $\gamma = \gamma'$, $\delta = \delta'$.
Wechselwinkel an Parallelen sind gleich groß: $\alpha = \gamma'$, $\beta = \delta'$, $\gamma = \alpha'$, $\delta = \beta'$.

Bezeichnungen am allgemeinen Dreieck

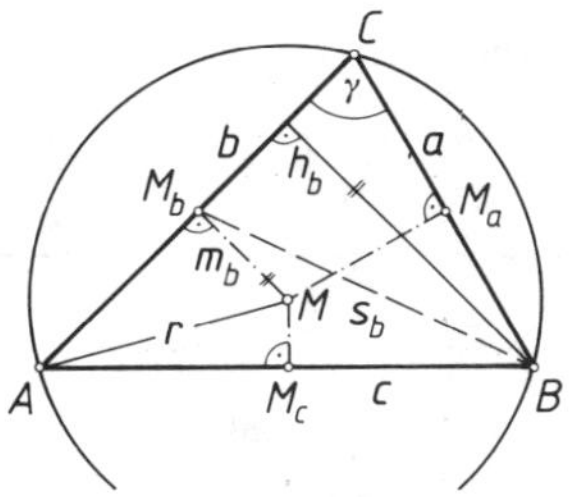

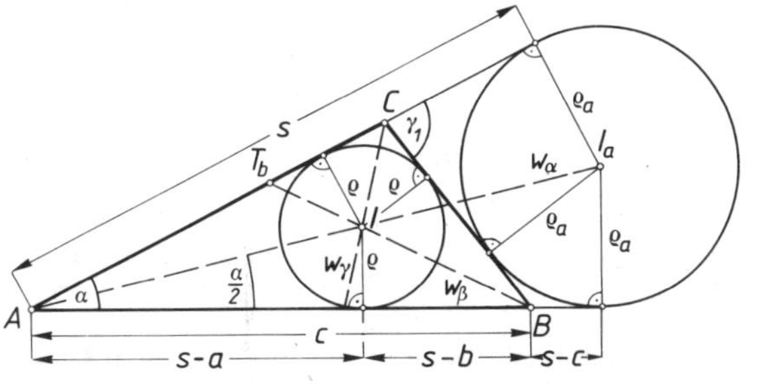

a, b, c	Gegenseiten der Ecken A, B, C	α, β, γ	Größen der Innenwinkel des Dreiecks ABC
M_a, M_b, M_c	Mittelpunkte von a, b, c	$w_\alpha, w_\beta, w_\gamma$	Winkelhalbierende von α, β, γ
m_a, m_b, m_c	Mittelsenkrechten auf a, b, c	T_a, T_b, T_c	Schnittpunkte der Winkelhalbierenden mit a, b, c
h_a, h_b, h_c	Höhen auf a, b, c	ϱ, I	Inkreisradius, Inkreismittelpunkt
s_a, s_b, s_c	Seitenhalbierende von a, b, c	I_a, I_b, I_c	Mittelpunkte der Ankreise an a, b, c
r, M	Umkreisradius, Umkreismittelpunkt	$\varrho_a, \varrho_b, \varrho_c$	Radien der Ankreise an a, b, c
s	Halber Umfang des Dreiecks ABC	$\alpha_1, \beta_1, \gamma_1$	Größen der Außenwinkel des Dreiecks ABC

Berechnungen am allgemeinen Dreieck

Winkelsumme: $\alpha + \beta + \gamma = 180°$

Größe der Außenwinkel: $\alpha_1 + \beta_1 + \gamma_1 = 360°$; $\alpha_1 = \beta + \gamma$, $\beta_1 = \alpha + \gamma$, $\gamma_1 = \alpha + \beta$

Dreiecksungleichungen: $a + b > c$, $b + c > a$, $a + c > b$;
$|a - b| < c$, $|b - c| < a$, $|a - c| < b$

Winkel-Seiten-Sätze: Wenn $a < b$, so $\alpha < \beta$; wenn $\alpha < \beta$, so $a < b$.

Dreiecksumfang: $u = 2s = a + b + c$

Flächeninhalt

$$A = \frac{a \cdot h_a}{2} = \frac{b \cdot h_b}{2} = \frac{c \cdot h_c}{2}$$

$$A = \sqrt{s(s-a)(s-b)(s-c)} \quad \text{(Heron)}$$

$$A = \frac{abc}{4r} = \sqrt{\varrho \cdot \varrho_a \cdot \varrho_b \cdot \varrho_c}$$

$$A = \varrho s = \varrho_a(s-a) = \varrho_b(s-b) = \varrho_c(s-c)$$

$$A = \frac{1}{2}ab \sin\gamma = \frac{1}{2}bc \sin\alpha = \frac{1}{2}ca \sin\beta$$

$$A = s^2 \cdot \tan\frac{\alpha}{2} \tan\frac{\beta}{2} \tan\frac{\gamma}{2} = 2r^2 \cdot \sin\alpha \sin\beta \sin\gamma$$

Höhen

$$h_a : h_b = \frac{1}{a} : \frac{1}{b} = b : a, \quad h_a = b \sin\gamma = c \sin\beta$$

Seitenhalbierende

$$s_a = \frac{1}{2}\sqrt{2(b^2+c^2)-a^2}, \quad s_a = \frac{1}{2}\sqrt{b^2 + c^2 + 2bc\cos\alpha}$$

Winkelhalbierende

$$w_a = \frac{2}{b+c}\sqrt{bcs(s-a)}, \quad w_a = \frac{2bc\cos\frac{\alpha}{2}}{b+c}$$

Sinussatz

$$\frac{a}{\sin\alpha} = \frac{b}{\sin\beta} = \frac{c}{\sin\gamma} = 2r \qquad (r \text{ Umkreisradius})$$

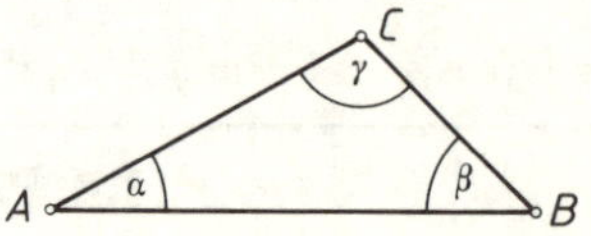

Sind zur Dreiecksberechnung zwei Seiten und der der kleineren Seite gegenüberliegende Winkel gegeben, so kann es zwei nicht-kongruente Lösungsdreiecke geben. Man beachte: Gilt $\sin\alpha = u$, so ist auch $\sin\alpha^* = u$ für $\alpha^* = 180° - \alpha$.

Zyklische Vertauschung

Im folgenden weist (Z) darauf hin, daß weitere gültige Formeln durch zyklische Vertauschung gewonnen werden können: $A \mapsto B$, $B \mapsto C$, $C \mapsto A$; $a \mapsto b$, $b \mapsto c$, $c \mapsto a$; $\alpha \mapsto \beta$, $\beta \mapsto \gamma$, $\gamma \mapsto \alpha$.

Kosinussatz

$$a^2 = b^2 + c^2 - 2bc\cos\alpha \qquad (Z)$$

$$\cos\alpha = \frac{b^2 + c^2 - a^2}{2bc} \qquad (Z)$$

Anmerkung:
$\cos(180° - \alpha) = -\cos\alpha$

Projektionssatz: $c = a\cos\beta + b\cos\alpha$ (Z)

Tangenssatz: $(a + b)\tan\frac{\alpha - \beta}{2} = (a - b)\tan\frac{\alpha + \beta}{2}$ (Z)

Halbwinkelformel ($2s = a + b + c$)

$$\tan\frac{\alpha}{2} = \sqrt{\frac{(s-b)(s-c)}{s(s-a)}} \qquad (Z)$$

Besondere Punkte im Dreieck

In jedem Dreieck schneiden sich

- die drei Mittelsenkrechten in einem Punkt, dem **Umkreismittelpunkt** M;
- die drei Winkelhalbierenden in einem Punkt, dem **Inkreismittelpunkt** I; ($\overline{AB} : \overline{AC} = \overline{T_aB} : \overline{T_aC}$, $\overline{BC} : \overline{BA} = \overline{T_bC} : \overline{T_bA}$, $\overline{CA} : \overline{CB} = \overline{T_cA} : \overline{T_cB}$.)
- die drei Höhen in einem Punkt, dem **Höhenschnittpunkt** H; (Im spitzwinkligen Dreieck ist $\overline{AH} \cdot \overline{HH_a} = \overline{BH} \cdot \overline{HH_b} = \overline{CH} \cdot \overline{HH_c}$.)
- die drei Seitenhalbierenden (Schwerlinien) in einem Punkt, dem **Schwerpunkt** S. (S teilt jede Seitenhalbierende im Verhältnis 1 : 2; $\overline{AS} = 2\overline{SM}_a$, $\overline{BS} = 2\overline{SM}_b$, $\overline{CS} = 2\overline{SM}_c$.)

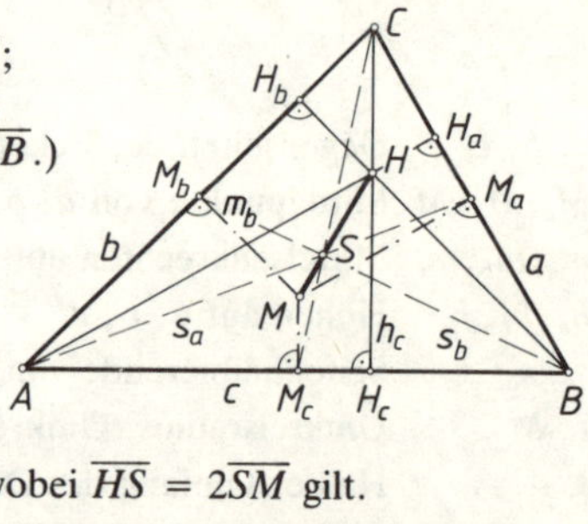

In jedem Dreieck liegen der Höhenschnittpunkt H, der Umkreismittelpunkt M und der Schwerpunkt S auf einer Geraden, der **Eulergeraden**, wobei $\overline{HS} = 2\overline{SM}$ gilt.

Spezielle Dreiecke

Rechtwinkliges Dreieck

Ist $\sphericalangle\, ABC = \gamma = 90°$, so heißen a und b Katheten, c Hypotenuse, p und q Hypotenusenabschnitte, $h = h_c$ die Höhe des Dreiecks. Es ist $h_a = b$, $h_b = a$; r Umkreisradius, ϱ Inkreisradius, ϱ_a, ϱ_b, ϱ_c Ankreisradien, s halber Umfang.

$$u = 2s = a + b + c;\quad r = \frac{c}{2};\quad \varrho = s - c;\quad \varrho_a = s - b,\ \varrho_b = s - a,\ \varrho_c = s$$

$$A = \frac{ch}{2} = \frac{ab}{2};\quad h = \frac{ab}{c}$$

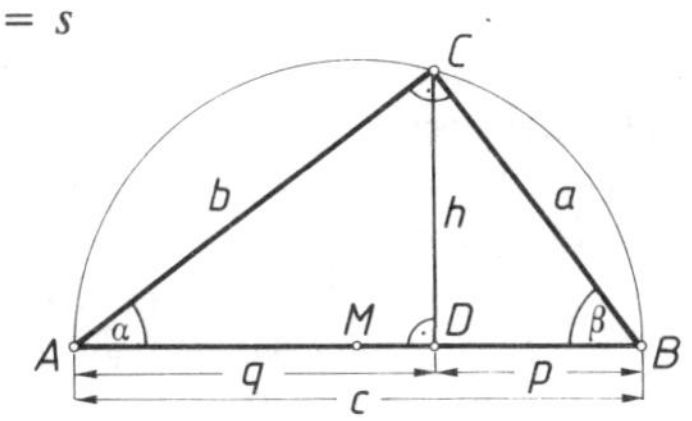

Satz von Pythagoras: Ist $\gamma = 90°$, so ist $a^2 + b^2 = c^2$.

Umkehrung des Satzes von Pythagoras: Ist $a^2 + b^2 = c^2$, so ist $\gamma = 90°$.

Höhensatz: Ist $\gamma = 90°$, so ist $h^2 = pq$.

Kathetensatz: Ist $\gamma = 90°$, so ist $a^2 = cp$ und $b^2 = cq$.

Gleichschenkliges Dreieck

Ist $a = b$, so heißen a und b Schenkel, c Grundlinie.
Ist $a = b$, so ist $\alpha = \beta$.
Ist $\alpha = \beta$, so ist $a = b$.

$$A = \frac{c}{4}\sqrt{4a^2 - c^2}$$

$$h_a = h_b = \frac{2A}{a},\quad h_c = \frac{1}{2}\sqrt{4a^2 - c^2}$$

$$r = \frac{a^2}{2h_c};\quad \varrho = \frac{c(2a - c)}{4h_c}$$

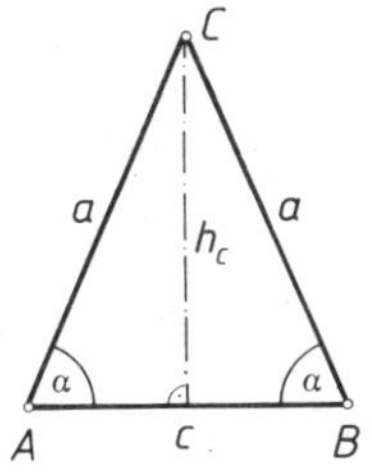

Gleichseitiges Dreieck

$a = b = c \Leftrightarrow \alpha = \beta = \gamma = 60°$

Jede Höhe ist gleichzeitig Seitenhalbierende, Winkelhalbierende und Mittelsenkrechte.

$$A = \frac{\sqrt{3}}{4}\,a^2$$

$$h = \frac{\sqrt{3}}{2}\,a = \frac{3}{2}\,r$$

$$r = 2\varrho;\quad \varrho_a = \varrho_b = \varrho_c = h$$

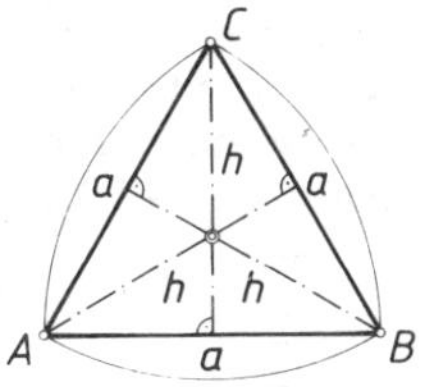

Vierecke

Allgemeines Viereck

Bezeichnungen: Seiten $a = \overline{AB}$, $b = \overline{BC}$, $c = \overline{CD}$, $d = \overline{DA}$
Diagonalen $e = \overline{AC}$, $f = \overline{BD}$
Innenwinkel $\alpha = \sphericalangle\, BAD$, $\beta = \sphericalangle\, CBA$
$\gamma = \sphericalangle\, DCB$, $\delta = \sphericalangle\, ADC$

Winkelsumme: $\alpha + \beta + \gamma + \delta = 360°$

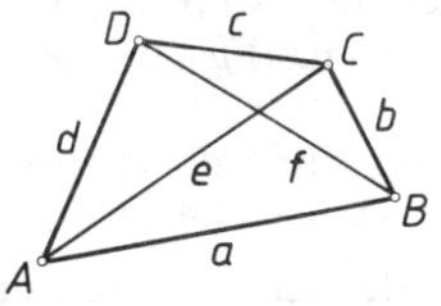

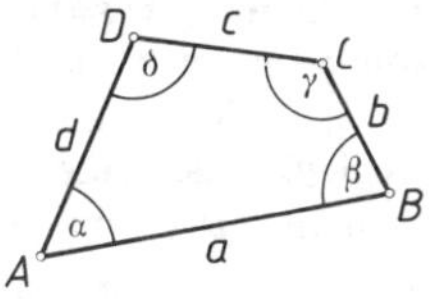

Quadrat ($a = b = c = d$, $\alpha = \beta = \gamma = \delta = 90°$)

Vier Symmetrieachsen, drehsymmetrisch zu S (0°, 90°, 180°, 270°), e und f halbieren einander, $e \perp f$.

$e = f = a\sqrt{2}$
$u = 4a$
$A = a^2 = 0{,}5\,e^2$

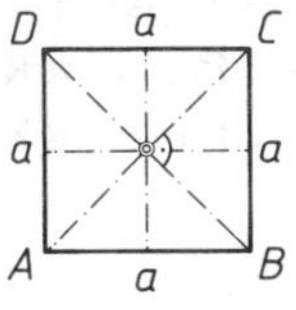

Rechteck ($\alpha = \beta = \gamma = \delta = 90°$)

Zwei Symmetrieachsen, punktsymmetrisch zu S, e und f halbieren einander.

$e = f = \sqrt{a^2 + b^2}$
$a = c,\ b = d$
$u = 2(a + b);\quad A = ab$

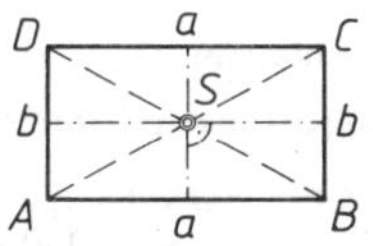

Raute (Rhombus) ($a \parallel c$, $b \parallel d$, $a = b = c = d$)

Zweifach diagonalsymmetrisch, punktsymmetrisch zu S, e und f halbieren einander, $e \perp f$.

$u = 4a$
$A = ah = \frac{ef}{2} = a^2 \sin\alpha$
$4a^2 = e^2 + f^2$

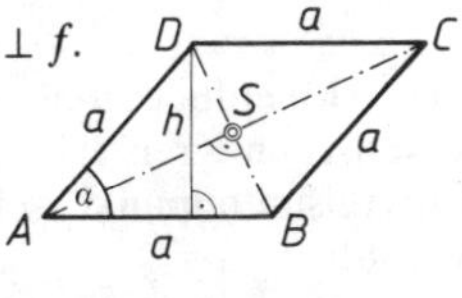

Parallelogramm (Rhomboid) ($a \parallel c$, $b \parallel d$)

Punktsymmetrisch zu S, e und f halbieren einander.

$a = c,\ b = d;$
$\alpha = \gamma,\ \beta = \delta,\ \alpha + \beta = 180°.$
$u = 2(a + b)$
$A = ah_a = bh_b = ab\sin\alpha$
$2(a^2 + b^2) = e^2 + f^2$

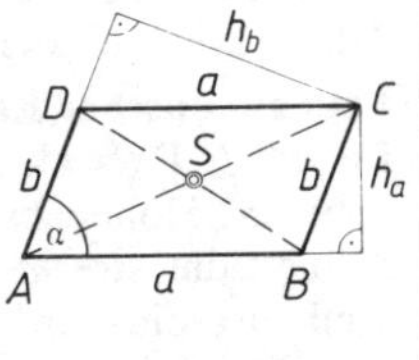

Drachenviereck
($a = b$, $c = d$ oder $b = c$, $d = a$)
(Mindestens) einfach diagonal-symmetrisch; $e \perp f$.
$u = 2(a + c)$
$A = \frac{ef}{2}$

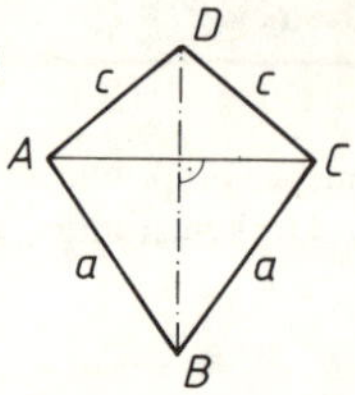

Trapez ($a \parallel c$ bzw. $b \parallel d$)
(gleichschenkliges Trapez, wenn $b = d$ bzw. $a = c$)
h Höhe (Abstand der Parallelen).
$u = 2s = a + b + c + d$
$A = \frac{a + c}{2} h = mh$
($a \parallel c$, m Mittelparallele)

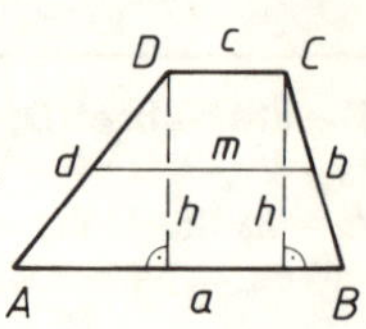

Sehnenviereck
Es gibt einen Umkreis vom Radius r.
$u = 2s = a + b + c + d$
$A = \sqrt{(s-a)(s-b)(s-c)(s-d)}$
$ac + bd = ef$ (Satz des Ptolemäus)
$\alpha + \gamma = \beta + \delta = 180°$
Ist $\alpha + \gamma = \beta + \delta = 180°$, so ist das Viereck ein Sehnenviereck.

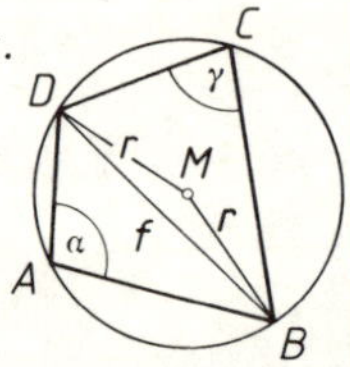

Tangentenviereck
Es gibt einen Inkreis vom Radius ϱ.
$u = 2s = a+b+c+d$
$A = \varrho s$
$\varrho = \frac{A}{s}$
$a+c = b+d$
Ist $a+c=b+d$, so ist das Viereck ein Tangentenviereck.

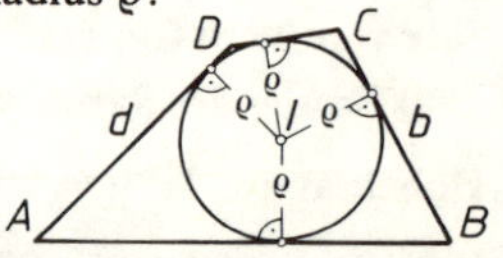

Regelmäßige Vielecke (Reguläre Polygone)

Ein regelmäßiges n-Eck ($n \geq 3$) hat n gleich lange Seiten s_n und n gleich große Innenwinkel β_n. Man kann ihm einen Kreis vom Radius $\varrho(\varrho_n)$ einbeschreiben und einen konzentrischen Kreis vom Radius $r(r_n)$ umbeschreiben. Dem Kreis vom Radius $r(r_n)$ lassen sich regelmäßige n-Ecke mit der Seitenlänge S_n umbeschreiben. Jedes regelmäßige n-Eck hat n kongruente, gleichschenklige Bestimmungsdreiecke.

$$\alpha_n = \frac{360°}{n}; \quad \beta_n = \frac{180°(n-2)}{n}; \quad s_n = 2\sqrt{r^2 - \varrho_n^2}; \quad s_{2n}^2 = 2r^2 - r\sqrt{4r^2 - s_n^2}$$

$$S_n = \frac{2r \cdot s_n}{\sqrt{4r^2 - s_n^2}}; \quad \varrho_{2n} = \frac{r_n + \varrho_n}{2}; \quad r_{2n} = \sqrt{r_n \cdot \varrho_{2n}}; \quad A_n = \frac{1}{2} n \varrho_n s_n = \frac{1}{2} n r_n^2 \sin\alpha_n$$

Speziell: $s_3 = r\sqrt{3}$; $s_4 = r\sqrt{2}$; $s_5 = 0{,}5\, r\sqrt{10 - 2\sqrt{5}}$; $s_6 = r$; $s_8 = r\sqrt{2 - \sqrt{2}}$; $s_{10} = 0{,}5\left(\sqrt{5} - 1\right) r$

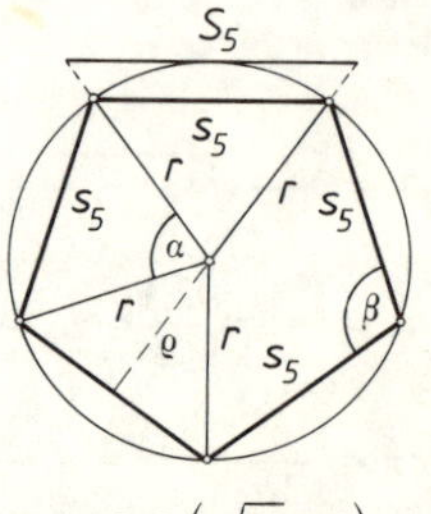

Geometrie am Kreis

Jede **Kreistangente** steht auf ihrem Berührradius senkrecht.
Jeder **Umfangswinkel** (Peripheriewinkel) γ ist halb so groß wie der **Mittelpunktswinkel** (Zentriwinkel) μ über demselben Bogen:
$\mu = 2\gamma$; $360° - \mu = 2\delta$.
Der **Sehnentangentenwinkel** τ ist halb so groß wie der Mittelpunktswinkel μ:
$\tau = 0{,}5\mu$; $\mu = 2\tau$; $360° - \mu = 2(180° - \tau)$.

Alle Umfangswinkel über demselben Bogen sind gleich groß:
$\gamma = \gamma' = \gamma'' = \ldots$; $\delta = \delta' = \delta'' = \ldots$.

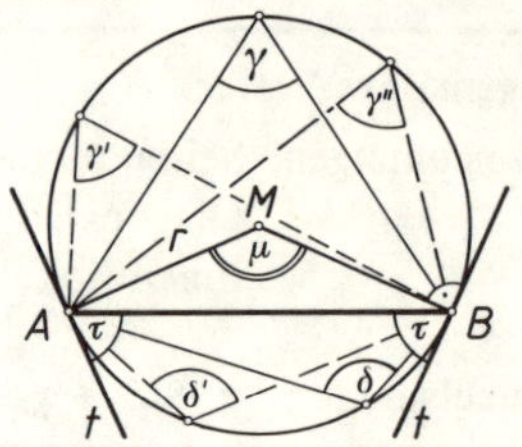

Strecken am Kreis

Sehnensatz:	$\overline{QA} \cdot \overline{QD} = \overline{QB} \cdot \overline{QC}$	(Q fester Punkt im Kreisinneren)
Sekantensatz:	$\overline{PA} \cdot \overline{PB} = \overline{PC} \cdot \overline{PD}$	(P fester Punkt im Kreisäußeren)
Tangentensekantensatz:	$\overline{PA} \cdot \overline{PB} = \overline{PT}^2$	(P fester Punkt im Kreisäußeren)

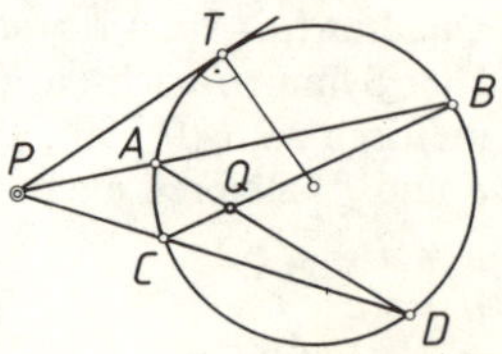

Satz des Thales
Alle Umfangswinkel im Halbkreis betragen 90°.
Thaleskreis als Konstruktionslinie
Vorgegeben sind zwei feste Punkte A und B. Die Menge der Punkte P, deren Verbindungsgeraden zu A bzw. zu B einen rechten Winkel einschließen, ist der Thaleskreis mit dem Durchmesser AB (A und B sind ausgenommen).

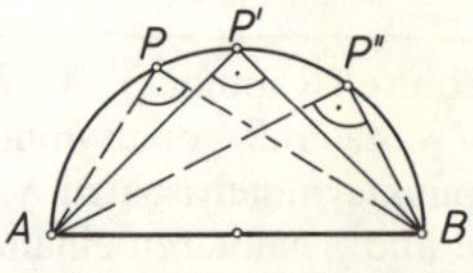

Feuerbachscher Kreis
In jedem Dreieck liegen die drei Seitenmitten, die drei Höhenfußpunkte und die drei Mittelpunkte der „oberen" Höhenabschnitte auf einem Kreis, dem Feuerbachschen Kreis (Neunpunktekreis). Sein Mittelpunkt halbiert die Strecke zwischen Höhenschnittpunkt und Umkreismittelpunkt, sein Radius ist gleich dem halben Umkreisradius, er berührt den Inkreis und die drei Ankreise.

$B(t+1) = B(t) + k \cdot B(t) \cdot (S - B(t))$ | bei $T = 1$: $\frac{b}{\alpha} = \frac{2\pi}{360}$ | $b = \frac{\pi}{180} \cdot \alpha$ | sin/cos/tan S. 15

$k = \frac{B(t+1) - B(t)}{B(t) \cdot (S - B(t))}$

Kreis und Kreisteile

($\pi \approx 3{,}14159265\ldots \approx 3{,}14$ LUDOLPHsche Zahl)

Kreis
(r Radius, u Umfang, A Flächeninhalt)

$u = 2\pi r = 2\sqrt{\pi A}$

$A = \pi r^2 = \frac{u^2}{4\pi}$

Kreisausschnitt (Kreissektor)
(r Radius, b Bogen; α Mittelpunktswinkel im Gradmaß, x im Bogenmaß: $x = \text{arc}\,\alpha = \frac{\pi\alpha}{180°}$)

$b = \frac{\pi r \alpha}{180°} = rx$

$u = 2r + b$

$A = \frac{br}{2} = \frac{\pi r^2 \alpha}{360°} = \frac{r^2 x}{2}$

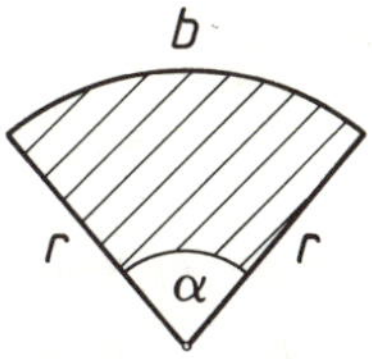

Kreisabschnitt (Kreissegment)
(r Radius, s Sehne, b Bogen, h Abschnittshöhe; α Mittelpunktswinkel im Gradmaß, $x = \frac{\pi\alpha}{180°}$ im Bogenmaß)

$u = s + b$

$A = \frac{1}{2}\left[r(b-s) + sh\right]$

$A = \frac{\pi r^2 \alpha}{360°} - \frac{r^2 \sin\alpha}{2}$

$s = 2r \cdot \sin\frac{\alpha}{2} = 2\sqrt{2hr - h^2}$

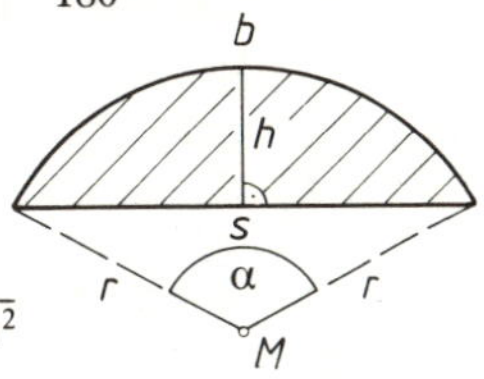

1.5 Elementare Abbildungsgeometrie

Definitionen

Eine Abbildung der Menge der Punkte der Ebene auf sich heißt

bijektiv,	wenn jeder Punkt der Ebene Bildpunkt genau eines Urpunktes ist;
geradentreu,	wenn das Bild jeder Geraden jeweils wieder eine Gerade ist;
parallelentreu,	wenn parallele Geraden stets auf parallele Geraden abgebildet werden;
winkeltreu,	wenn jeder Bildwinkel so groß wie sein Urwinkel ist;
teilverhältnistreu,	wenn das Teilverhältnis von drei Punkten einer Geraden stets gleich dem Teilverhältnis der Bildpunkte ist;
längentreu,	wenn jede Bildstrecke so lang wie ihre Urstrecke ist.

Kongruenzabbildungen (Isometrien)

Kongruenzabbildungen (Isometrien, Bewegungen) sind bijektive, geradentreue, parallelentreue, winkeltreue, teilverhältnistreue und längentreue Abbildungen der Menge der Punkte der Ebene auf sich.

Geradenspiegelungen
Jede Geradenspiegelung S_g ist eine Kongruenzabbildung. Durch Hintereinanderausführen (Verketten) von endlich vielen Geradenspiegelungen ergibt sich stets eine Kongruenzabbildung; umgekehrt läßt sich jede Kongruenzabbildung durch Hintereinanderausführen von höchstens drei geeignet gewählten Geradenspiegelungen darstellen.

Parallelverschiebung
Sind die Geraden g und h parallel, so ergibt sich durch Hintereinanderausführen der Geradenspiegelung S_h nach S_g eine Parallelverschiebung V ($S_h \circ S_g = V$).

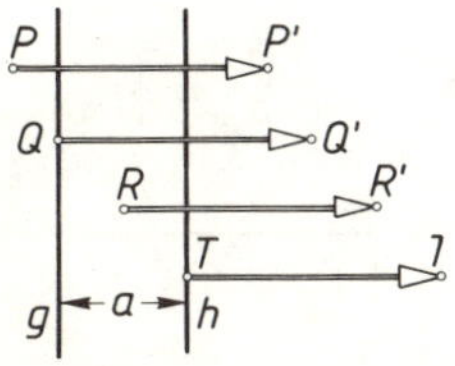

Drehungen
Schneiden sich die Geraden g und h in S, so ergibt sich durch Hintereinanderausführen der Geradenspiegelung S_h nach S_g eine Drehung D ($S_h \circ S_g = D$).

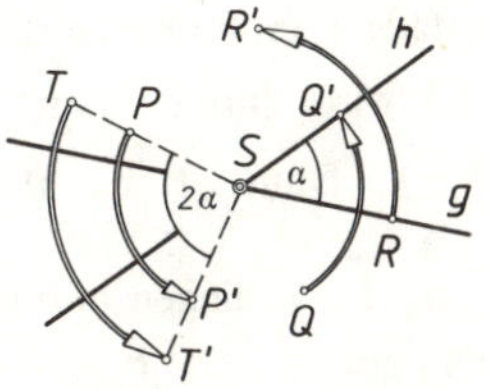

Schubspiegelungen
Durch Verketten einer Parallelverschiebung und einer Spiegelung an einer zur Schieberichtung parallelen Geraden ergibt sich eine Schubspiegelung.

Kongruenz

Zwei Figuren F_1 und F_2 heißen (zueinander) kongruent, wenn es mindestens eine Kongruenzabbildung gibt, welche F_1 auf F_2 abbildet: $F_1 \simeq F_2$ (gelesen: „F_1 ist kongruent zu F_2").

Sind zwei Dreiecke kongruent ($\triangle ABC \simeq \triangle A'B'C'$), so sind
alle entsprechenden Strecken gleich lang ($a = a'$, $b = b'$, $c = c'$, $h_a = h_{a'}$, $s_a = s_{a'}$, $w_\alpha = w_{\alpha'}$, ...);
alle entsprechenden Winkel gleich groß ($\alpha = \alpha'$, $\beta = \beta'$, $\gamma = \gamma'$, $\sphericalangle\, h_a w_\gamma = \sphericalangle\, h_{\alpha'} w_{\gamma'}$, ...).

Kongruenzsätze (hinreichende Kriterien zum Nachweis der Kongruenz zweier Dreiecke)

Zwei Dreiecke sind schon dann als kongruent (deckungsgleich) erkannt, wenn nur mindestens eine der folgenden Forderungen nachgewiesen ist:
Beide Dreiecke stimmen überein
- in den Längen von drei entsprechenden Seiten (*sss*);
- in den Längen zweier entsprechender Seiten und der Größe des von diesen jeweils eingeschlossenen Winkels (*sws*);
- in den Größen zweier entsprechender Winkel und der Länge einer entsprechenden Seite (*wsw*) oder (*wws*);
- in den Längen zweier entsprechender Seiten und der Größe des Innenwinkels, der der längeren dieser beiden Seiten gegenüberliegt (*Ssw*).

Ähnlichkeit

Ähnlichkeitsabbildungen sind bijektive, geradentreue, parallelentreue, winkeltreue und teilverhältnistreue Abbildungen der Menge der Punkte der Ebene auf sich. Jede Ähnlichkeitsabbildung läßt sich durch Verketten von endlich vielen Kongruenzabbildungen und zentrischen Streckungen darstellen.

Zwei Figuren F_1 und F_2 heißen (zueinander) ähnlich, wenn es mindestens eine Ähnlichkeitsabbildung gibt, welche F_1 auf F_2 abbildet: $F_1 \sim F_2$ (gelesen: „F_1 ist ähnlich zu F_2").

Sind zwei Figuren F_1 und F_2 ähnlich, so stimmen F_1 und F_2 in den Größen aller entsprechenden Winkel überein. Weiter gibt es eine feste Zahl $k > 0$ derart, daß für das Verhältnis aller entsprechenden Streckenlängen $1 : k$ und für das Verhältnis aller entsprechenden Flächeninhalte $1 : k^2$ gilt.

Ähnlichkeitssätze (hinreichende Kriterien zum Nachweis der Ähnlichkeit zweier Dreiecke)
Zwei Dreiecke sind schon dann als ähnlich erkannt, wenn nur mindestens eine der folgenden Forderungen nachgewiesen ist:
Beide Dreiecke stimmen überein
- in den Verhältnissen der Seitenlängen;
- im Verhältnis der Längen zweier Seiten und der Größe des von diesen jeweils eingeschlossenen Winkels;
- in der Größe von mindestens zwei entsprechenden Winkeln **(3. Ähnlichkeitssatz);**
- im Verhältnis der Längen zweier Seiten und der Größe des Gegenwinkels der jeweils längeren Seite.

Teilverhältnis, harmonische Punkte, Goldener Schnitt

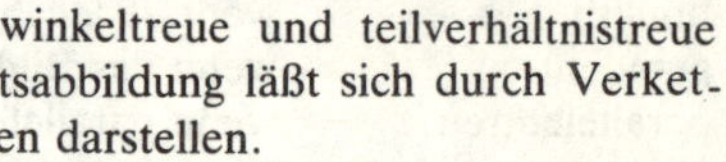

T hat bezüglich der Strecke AB das Teilverhältnis λ,
wenn $\overline{AT} = |\lambda|\ \overline{TB}$.

Dabei ist $\lambda > 0$, falls T im Inneren der Strecke AB liegt,
$\lambda < 0$, falls T im Äußeren der Strecke AB liegt.

Eine Strecke AB wird durch T im „Goldenen Schnitt" geteilt, wenn gilt:
$a : x = x : (a - x)$. Dann ist $x = 0{,}5a(\sqrt{5} - 1) \approx 0{,}6180\ldots a$.

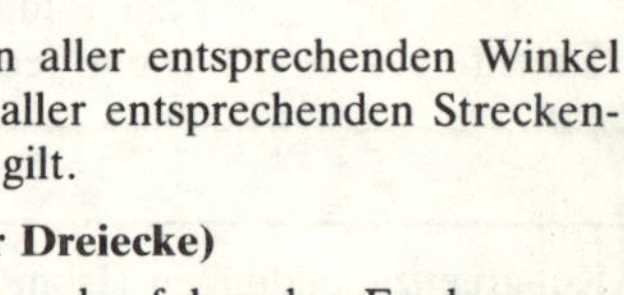

Vier Punkte A, B, T_i, T_a liegen harmonisch (sind ein harmonischer Wurf), wenn gilt: $\overline{AT_i} : \overline{T_iB} = \overline{AT_a} : \overline{T_aB}$.

Strahlensätze

Eine „Strahlensatzfigur" besteht aus sich in einem Punkt S schneidenden Geraden g und h sowie aus einer Schar paralleler Geraden, die g und h schneiden. A und A', B und B', C und C', ... heißen einander entsprechende Punkte.

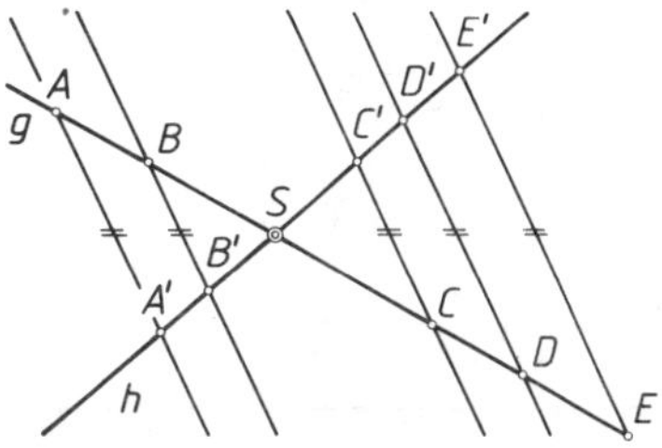

Projektionssatz

Zu jeder „Strahlensatzfigur" gibt es eine passende, feste Zahl r derart, daß für entsprechende Strecken $\overline{AB}$ und $\overline{A'B'}$ stets (gleichgültig, wie A und B auf g gewählt sind) gilt: $\overline{A'B'} = r\overline{AB}$.

1. Strahlensatz

Werden zwei sich schneidende Geraden g und h von parallelen Geraden geschnitten, so verhalten sich die Längen von zwei Strecken auf g stets wie die Längen der entsprechenden Strecken auf h:

$\overline{SA} : \overline{SB} = \overline{SA'} : \overline{SB'}$, $\overline{SA} : \overline{SC} = \overline{SA'} : \overline{SC'}$, $\overline{AB} : \overline{CE} = \overline{A'B'} : \overline{C'E'}$, ...

2. Strahlensatz

Werden sich schneidende Geraden g und h von zueinander parallelen Geraden geschnitten, so verhalten sich die Längen von zwei Abschnitten auf den Parallelen stets wie die entsprechenden Längen der vom Schnittpunkt S von g und h aus gemessenen Abschnitte auf einer der sich schneidenden Geraden:

$\overline{AA'} : \overline{BB'} = \overline{SA} : \overline{SB}$, $\overline{AA'} : \overline{CC'} = \overline{SA} : \overline{SC}$, ...

1.6 Stereometrie (Körperberechnung)

(M Mantelfläche, O Oberfläche; V Volumen (Rauminhalt); a, b, c Körperkanten; h Körperhöhe, d Körperdiagonale; G [G_1] Grundfläche, G_2 Deckfläche; u [u_1] Umfang der Grundfläche, u_2 Umfang der Deckfläche; h_s Seitenflächenhöhe, s Mantellinie)

Würfel

$M = 4a^2$
$O = 6a^2$
$V = a^3$
$d = a\sqrt{3}$

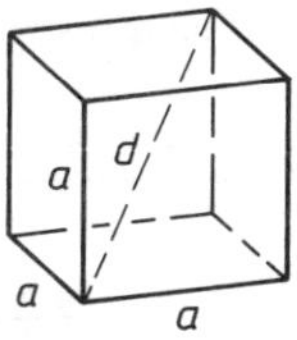

Quader

$M = 2c(a + b)$
$O = 2(ab + bc + ca)$
$V = abc$
$d = \sqrt{a^2 + b^2 + c^2}$

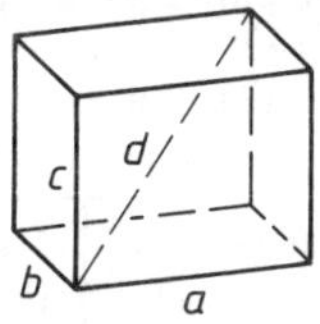

Prismen (gerade Prismen)

$M = uh$
$O = 2G + M$
$V = Gh$

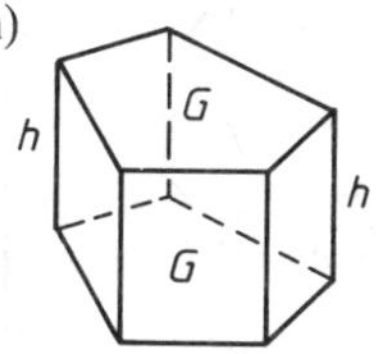

Pyramiden (gerade Pyramiden)

$M = \frac{1}{2}\,uh_s$
$O = G + M$
$V = \frac{1}{3}\,Gh$

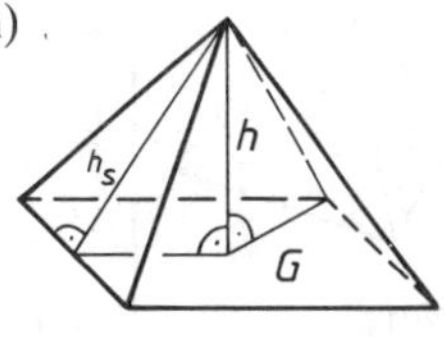

Zylinder
(gerader Kreiszylinder, senkrechter Kreiszylinder)

$M = 2\pi rh$
$O = 2\pi r(r + h)$
$V = \pi r^2 h$

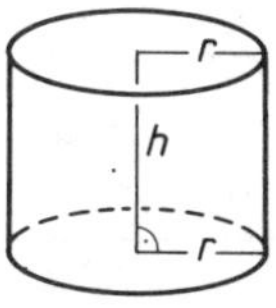

Kegel (gerader Kreiskegel)

$M = \pi rs$
$O = \pi r(r + s)$
$V = \frac{1}{3}\,\pi r^2 h$
$s^2 = r^2 + h^2$

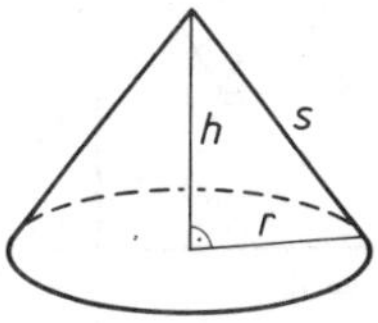

Pyramidenstumpf (gerader)

$M = \frac{1}{2}\,(u_1 + u_2)h_s$
$O = G_1 + G_2 + M$
$V = \frac{h}{3}\,(G_1 + \sqrt{G_1 G_2} + G_2)$

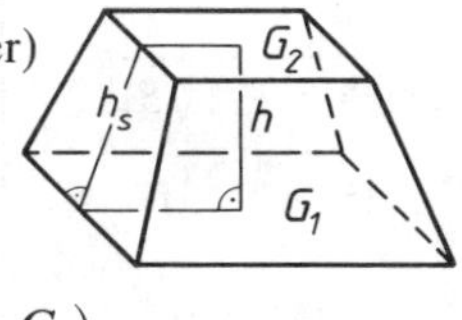

Kegelstumpf (gerader Kreiskegelstumpf)

$M = \pi s(r_1 + r_2)$
$O = \pi[r_1{}^2 + r_2{}^2 + s(r_1 + r_2)]$
$V = \frac{\pi h}{3}\,(r_1{}^2 + r_1 r_2 + r_2{}^2)$

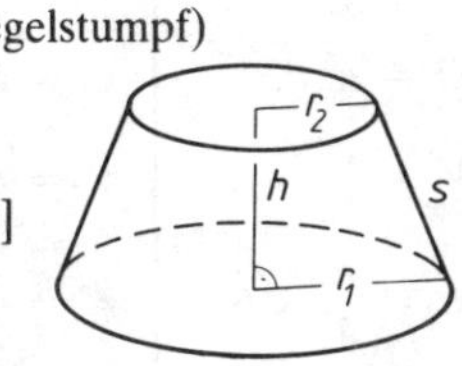

Kugel und Kugelabschnitt

(M Mantelfläche, O Oberfläche; V Volumen (Rauminhalt); r Kugelradius; h Höhe des Kugelteils.)

Ludolphsche Zahl: $\pi = 3{,}14159265 \ldots \approx 3{,}14$

Kugel

$$O = 4\,\pi r^2 = \sqrt[3]{36\,\pi V^2}$$

$$V = \frac{4}{3}\,\pi r^3 = \frac{1}{6}\sqrt{\frac{O^3}{\pi}}$$

$$r = \frac{1}{2}\sqrt{\frac{O}{\pi}} = \sqrt[3]{\frac{3V}{4\pi}}$$

Kugelabschnitt (Kugelsegment)

$$M = 2\pi rh = \pi(\varrho^2 + h^2) \quad \text{(Kappe)}$$

$$O = \pi h(4r - h) = \pi(2\varrho^2 + h^2)$$

$$V = \frac{\pi h^2}{3}\,(3r - h) = \frac{\pi h}{6}\,(3\varrho^2 + h^2)$$

$$\varrho^2 = h(2r - h)$$

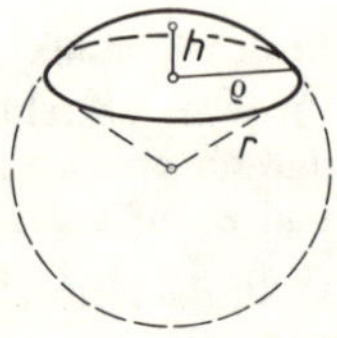

Prinzip von Cavalieri für den Raum

Um nachzuweisen, daß zwei Körper das gleiche Volumen haben, genügt es, die Körper so anzuordnen, daß man eine Ebene E mit folgender Eigenschaft angeben kann: Jede zu E parallele Ebene schneidet beide Körper so, daß jeweils zwei gleichgroße Schnittflächen erzeugt werden (oder sie meidet beide).

Eulerscher Polyedersatz, reguläre Polyeder (regelmäßige Vielflächner)

Ein Polyeder (Vielflach) wird von Ebenenstücken begrenzt. Ein Körper heißt konvex, wenn mit zwei seiner Punkte stets auch die ganze Verbindungsstrecke in ihm enthalten ist.

Eulerscher Polyedersatz: Ist e die Anzahl der Ecken, f die Anzahl der Flächen, k die Anzahl der Kanten eines konvexen Polyeders, so ist stets $e + f = k + 2$.

Ein Polyeder heißt regulär (**Platonischer** Körper), wenn die Oberfläche nur aus kongruenten regelmäßigen Vielecken besteht und in jeder Ecke die gleiche Anzahl von Vielecken zusammenstoßen. Ist jede Einzelfläche ein regelmäßiges n-Eck und treffen in jeder Ecke des regulären Polyeders m Kanten zusammen, so ist stets $f \cdot n = e \cdot m = 2 \cdot k$. Reguläre Polyeder haben eine Umkugel und eine Inkugel.

Es existieren nur die folgenden regulären Polyeder:
(a Kantenlänge, O Oberfläche, V Volumen, r Radius der Umkugel).

Tetraeder	**Hexaeder** (Würfel)	**Oktaeder**	**Dodekaeder**	**Ikosaeder**
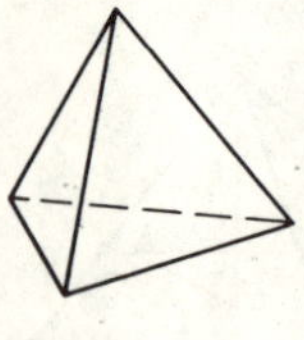	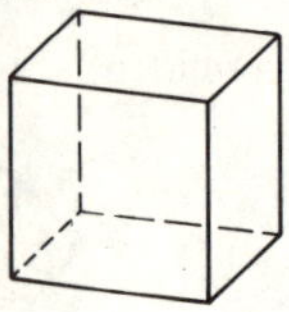	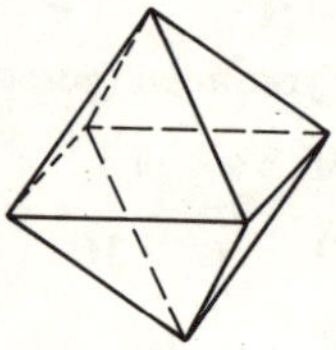	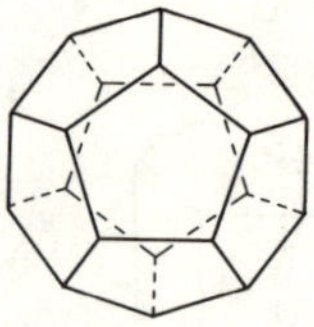	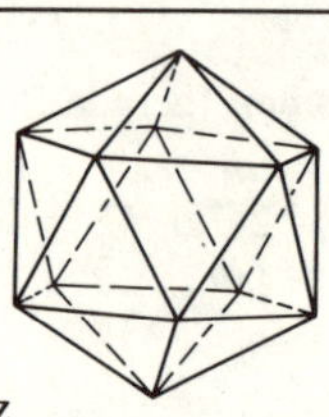
Netz	Netz	Netz	Netz	Netz
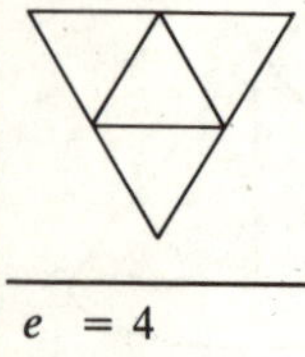	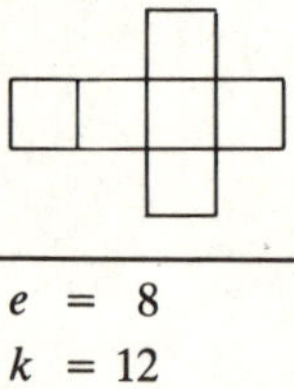	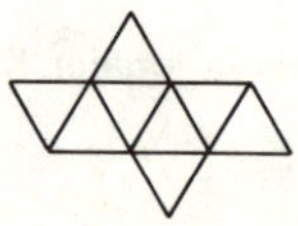	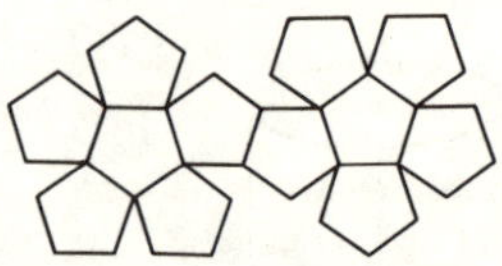	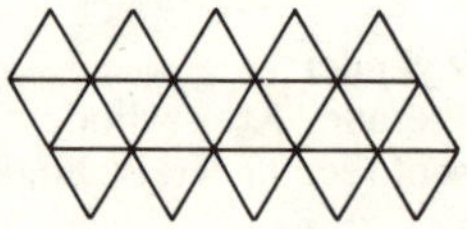
$e = 4$	$e = 8$	$e = 6$	$e = 20$	$e = 12$
$k = 6$	$k = 12$	$k = 12$	$k = 30$	$k = 30$
$f = 4$	$f = 6$	$f = 8$	$f = 12$	$f = 20$
$O = a^2\sqrt{3}$	$O = 6a^2$	$O = 2a^2\sqrt{3}$	$O = 3a^2\sqrt{5(5 + 2\sqrt{5})}$	$O = 5a^2\sqrt{3}$
$V = \frac{a^3}{12}\cdot\sqrt{2}$	$V = a^3$	$V = \frac{a^3}{3}\cdot\sqrt{2}$	$V = \frac{a^3}{4}\,(15 + 7\sqrt{5})$	$V = \frac{5a^3}{12}\,(3 + \sqrt{5})$
$r = \frac{a}{4}\cdot\sqrt{6}$	$r = \frac{a}{2}\sqrt{3}$	$r = \frac{a}{2}\cdot\sqrt{2}$	$r = \frac{a}{4}\sqrt{3}\,(1 + \sqrt{5})$	$r = \frac{a}{4}\sqrt{2\,(5 + \sqrt{5})}$

1.7 Ebene Trigonometrie

Winkelfunktionen, Kreisfunktionen

Definition für spitze Winkel α (im rechtwinkligen Dreieck)

$\sin\alpha := \dfrac{\text{Gegenkathete von } \alpha}{\text{Hypotenuse}} = \dfrac{a}{c}$; $\tan\alpha := \dfrac{\text{Gegenkathete von } \alpha}{\text{Ankathete von } \alpha} = \dfrac{a}{b}$

$\cos\alpha := \dfrac{\text{Ankathete von } \alpha}{\text{Hypotenuse}} = \dfrac{b}{c}$; $\cot\alpha := \dfrac{\text{Ankathete von } \alpha}{\text{Gegenkathete von } \alpha} = \dfrac{b}{a}$

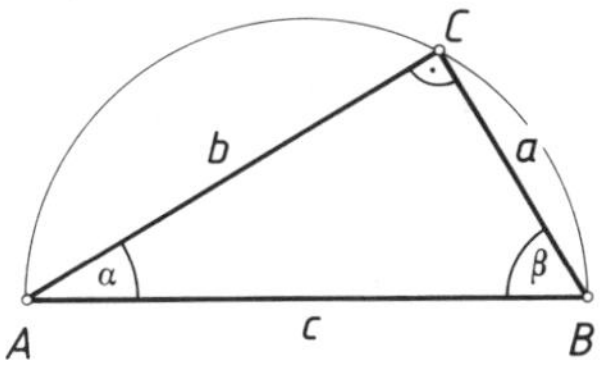

Größe eines Winkels: **Bogenmaß** x, Gradmaß α.

$$x = \operatorname{arc}\alpha := \frac{\text{Länge eines zum Winkelfeld gehörenden Kreisbogens}}{\text{Länge des zu diesem Kreisbogen gehörenden Kreisradius}}$$

Umrechnungen: $\alpha : 360° = x : 2\pi$; $x = \dfrac{\pi}{180°}\alpha$; 1 rad (Radiant) $= \dfrac{180°}{\pi} \approx 57{,}29578°$; $1° = \dfrac{\pi}{180}$ rad.

Definition für beliebige Winkel (der Größe x am Kreis vom Radius r)

Der freie Schenkel des Winkels der Größe x schneidet den Kreis in $P(u/v)$.

$\sin x := \dfrac{v}{r}$ für alle $x \in \mathbb{R}$; $\tan x := \dfrac{v}{u}$ für alle $x \neq \dfrac{\pi}{2} + z\cdot\pi,\ z \in \mathbb{Z}$;

$\cos x := \dfrac{u}{r}$ für alle $x \in \mathbb{R}$; $\cot x := \dfrac{u}{v}$ für alle $x \neq z\cdot\pi,\ z \in \mathbb{Z}$.

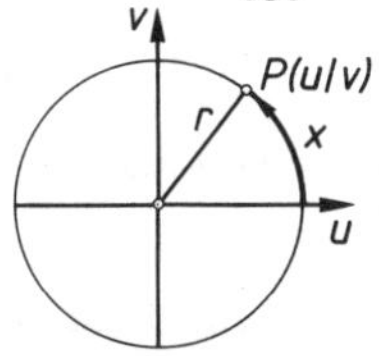

Besondere Werte der Winkelfunktionen

∗ / ■	0	$\frac{\pi}{6}$	$\frac{\pi}{4}$	$\frac{\pi}{3}$	$\frac{\pi}{2}$
	0°	30°	45°	60°	90°
sin	0	$\frac{1}{2}$	$\frac{1}{2}\sqrt{2}$	$\frac{1}{2}\sqrt{3}$	1
cos	1	$\frac{1}{2}\sqrt{3}$	$\frac{1}{2}\sqrt{2}$	$\frac{1}{2}$	0
tan	0	$\frac{1}{3}\sqrt{3}$	1	$\sqrt{3}$	–
cot	–	$\sqrt{3}$	1	$\frac{1}{3}\sqrt{3}$	0

∗ Winkel
■ Funktion

Beispiel: $\sin\dfrac{\pi}{6} = \sin 30° = \dfrac{1}{2}$

Schreibweise: $\sin^2\alpha = (\sin\alpha)^2$

Reduktionsformeln für beliebige Winkel

∗ / ■	$90°\pm\alpha$	$180°\pm\alpha$	$270°\pm\alpha$	$360°\pm\alpha$	$-\alpha$
sin	$+\cos\alpha$	$\mp\sin\alpha$	$-\cos\alpha$	$\pm\sin\alpha$	$-\sin\alpha$
cos	$\mp\sin\alpha$	$-\cos\alpha$	$\pm\sin\alpha$	$+\cos\alpha$	$+\cos\alpha$
tan	$\mp\cot\alpha$	$\pm\tan\alpha$	$\mp\cot\alpha$	$\pm\tan\alpha$	$-\tan\alpha$
cot	$\mp\tan\alpha$	$\pm\cot\alpha$	$\mp\tan\alpha$	$\pm\cot\alpha$	$-\cot\alpha$

Beispiele: $\cos(180° - \alpha) = -\cos\alpha$
$\sin(180° - \alpha) = +\sin\alpha$

Grundbeziehungen zwischen den Winkelfunktionen

Für jeden Winkel α ist

$\sin^2\alpha + \cos^2\alpha = 1$;

$\tan\alpha = \dfrac{\sin\alpha}{\cos\alpha}$ für $\alpha \neq 90°\cdot(2z+1)$ mit $z \in \mathbb{Z}$;

$1 + \tan^2\alpha = \dfrac{1}{\cos^2\alpha}$ für $\alpha \neq 90°\cdot(2z+1)$ mit $z \in \mathbb{Z}$;

$\tan\alpha\cdot\cot\alpha = 1$;

$\cot\alpha = \dfrac{\cos\alpha}{\sin\alpha}$ für $\alpha \neq 180°\cdot z$ mit $z \in \mathbb{Z}$;

$1 + \cot^2\alpha = \dfrac{1}{\sin^2\alpha}$ für $\alpha \neq 180°\cdot z$ mit $z \in \mathbb{Z}$.

Additionstheoreme

$\sin(\alpha + \beta) = \sin\alpha\cos\beta + \cos\alpha\sin\beta$

$\sin(\alpha - \beta) = \sin\alpha\cos\beta - \cos\alpha\sin\beta$

$\cos(\alpha + \beta) = \cos\alpha\cos\beta - \sin\alpha\sin\beta$

$\cos(\alpha - \beta) = \cos\alpha\cos\beta + \sin\alpha\sin\beta$

$\tan(\alpha \pm \beta) = \dfrac{\tan\alpha \pm \tan\beta}{1 \mp \tan\alpha\tan\beta}$

Summen und Differenzen

$\sin\alpha + \sin\beta = 2\sin\dfrac{\alpha+\beta}{2}\cos\dfrac{\alpha-\beta}{2}$

$\sin\alpha - \sin\beta = 2\cos\dfrac{\alpha+\beta}{2}\sin\dfrac{\alpha-\beta}{2}$

$\cos\alpha + \cos\beta = 2\cos\dfrac{\alpha+\beta}{2}\cos\dfrac{\alpha-\beta}{2}$

$\cos\alpha - \cos\beta = -2\sin\dfrac{\alpha+\beta}{2}\sin\dfrac{\alpha-\beta}{2}$

$\tan\alpha \pm \tan\beta = \dfrac{\sin(\alpha \pm \beta)}{\cos\alpha\cos\beta}$

Vielfache und Teile

$\sin 2\alpha = 2 \sin\alpha \cos\alpha$

$\sin 3\alpha = 3 \sin\alpha - 4 \sin^3\alpha$

$\cos 2\alpha = \cos^2\alpha - \sin^2\alpha = 2\cos^2\alpha - 1 = 1 - 2\sin^2\alpha$

$\cos 3\alpha = 4\cos^3\alpha - 3\cos\alpha$

$$\tan 2\alpha = \frac{2\tan\alpha}{1-\tan^2\alpha} = \frac{2}{\cot\alpha - \tan\alpha} \qquad \cot 2\alpha = \frac{\cot^2\alpha - 1}{2\cot\alpha} = \frac{\cot\alpha - \tan\alpha}{2}$$

$$\sin\frac{\alpha}{2} = \pm\sqrt{\frac{1-\cos\alpha}{2}}; \quad \cos\frac{\alpha}{2} = \pm\sqrt{\frac{1+\cos\alpha}{2}}; \quad \tan\frac{\alpha}{2} = \frac{\sin\alpha}{1+\cos\alpha} = \frac{1-\cos\alpha}{\sin\alpha} = \pm\sqrt{\frac{1-\cos\alpha}{1+\cos\alpha}}$$

Symmetriebeziehungen der Kreisfunktionen

$\sin(-x) = -\sin x$ für alle $x \in \mathbb{R}$, $\quad \tan(-x) = -\tan x$ für alle $x \neq \frac{\pi}{2} + \pi z$ mit $z \in \mathbb{Z}$;

$\cos(-x) = \cos x$ für alle $x \in \mathbb{R}$, $\quad \cot(-x) = -\cot x$ für alle $x \neq \pi z$ mit $z \in \mathbb{Z}$.

$$\sin\left(\frac{\pi}{2} + x\right) = \sin\left(\frac{\pi}{2} - x\right), \quad \sin(\pi + x) = -\sin(\pi - x), \quad \sin\left(\frac{3\pi}{2} + x\right) = \sin\left(\frac{3\pi}{2} - x\right);$$

$$\tan\left(\frac{\pi}{2} + x\right) = -\tan\left(\frac{\pi}{2} - x\right), \quad \tan(\pi + x) = -\tan(\pi - x), \quad \tan\left(\frac{3\pi}{2} + x\right) = -\tan\left(\frac{3\pi}{2} - x\right).$$

Periode der Tangensfunktion

Wegen $\tan(x + \pi) = \tan x$ für alle $x \neq \frac{\pi}{2} + \pi z$ ($z \in \mathbb{Z}$) hat die Funktion tan die Periode π.

Eine Sinuskurve mit der Periode 2π.

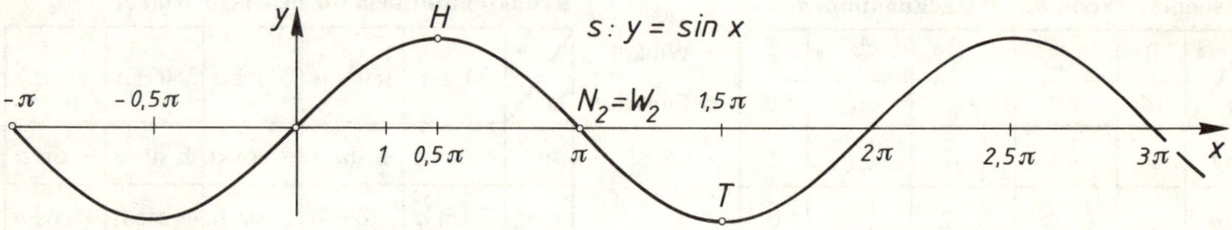

Linearkombination

$a \sin x + b \cos x = \sqrt{a^2 + b^2} \sin(x + c)$;

c mit $0 \leq c < 2\pi$ ergibt sich eindeutig aus den Forderungen $\sin c = \frac{b}{\sqrt{a^2+b^2}}$ und $\cos c = \frac{a}{\sqrt{a^2+b^2}}$.

Kreisfunktionen und Ungleichungen

Für alle $x \in \mathbb{R}$ gilt: $-1 \leq \sin x \leq 1$ und $-1 \leq \cos x \leq 1$; für alle x mit $0 < x < \frac{\pi}{2}$ gilt: $\sin x < x < \tan x$.

1.8 Sphärische Trigonometrie

Konstruktion wahrer Größen

Vorgegeben ist ein Normalriß des sphärischen Dreiecks mit den Eckpunkten A, B und C.

Ermittelt werden die wahren Größen von a, b, c, α und β.

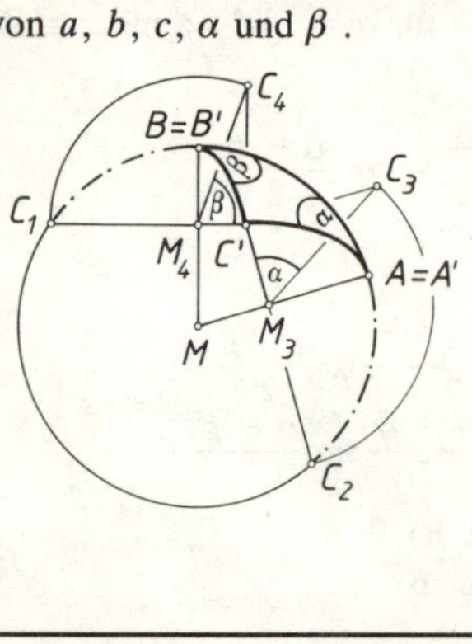

Ermittelt wird die wahre Größe von γ.

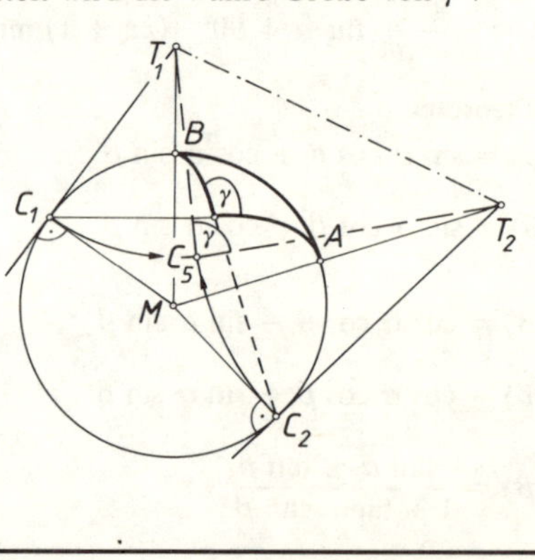

Beliebiges Kugeldreieck (allgemeines sphärisches Dreieck)

Stets gelten auch die Aussagen und Formeln, die man durch zyklische Vertauschung (Z) erhält:
$a \mapsto b,\ b \mapsto c,\ c \mapsto a;\quad \alpha \mapsto \beta,\ \beta \mapsto \gamma,\ \gamma \mapsto \alpha$.

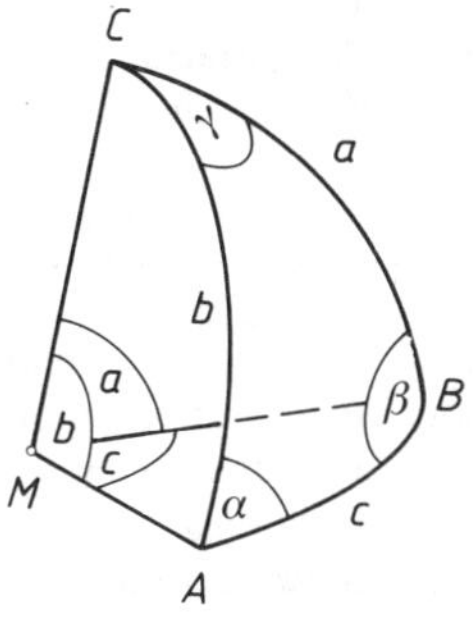

Bedingungen: $0° < a < 180°$ und $0° < \alpha < 180°$ (Z)

Sätze: Ist $a < b$, so $\alpha < \beta$. Ist $\alpha < \beta$, so $a < b$ (Z)
$a < b + c$ (Z) $\alpha + \beta - \gamma < 180°$ (Z)

Sphärischer Exzeß: $\varepsilon = \alpha + \beta + \gamma - 180°$. Stets ist $180° < \alpha + \beta + \gamma < 540°$.
Sphärischer Defekt: $d = 360° - a - b - c$. Stets ist $0° < a + b + c < 360°$.

Flächeninhalt (Kugelradius r): $A = \frac{\pi\,\varepsilon}{180°} r^2 = r^2 \cdot \operatorname{arc} \varepsilon$

Sinussatz: $\frac{\sin a}{\sin \alpha} = \frac{\sin b}{\sin \beta} = \frac{\sin c}{\sin \gamma}$

Seitenkosinussatz: $\cos a = \cos b \cos c + \sin b \sin c \cos \alpha$ (Z)
Winkelkosinussatz: $\cos \alpha = -\cos \beta \cos \gamma + \sin \beta \sin \gamma \cos a$ (Z)

Sinus-Kosinus-Satz: $\sin a \cos \beta = \sin c \cos b - \sin b \cos c \cos \alpha$ (Z)
$\sin a \cos \gamma = \sin b \cos c - \sin c \cos b \cos \alpha$ (Z)
$\sin \alpha \cos b = \sin \gamma \cos \beta + \sin \beta \cos \gamma \cos a$ (Z)
$\sin \alpha \cos c = \sin \beta \cos \gamma + \sin \gamma \cos \beta \cos a$ (Z)

Rechtwinkliges Kugeldreieck ($\gamma = 90°$)

$\sin a = \sin \alpha \sin c = \cot \beta \tan b$
$\sin b = \sin \beta \sin c = \cot \alpha \tan a$
$\cos c = \cot \alpha \cot \beta = \cos a \cos b$
$\cos \alpha = \sin \beta \cos a = \tan b \cot c$
$\cos \beta = \sin \alpha \cos b = \tan a \cot c$

2. Algebraische Strukturen

2.1 Mengen und Abbildungen

$a \in M$	a ist Element von M
$b \notin M$	b ist nicht Element von M
$\{x \mid \ldots\}$	die Menge aller x, für die gilt …
$\emptyset$ bzw $\{\}$	die leere Menge, sie besitzt kein Element
$\{0\}$	die Menge mit dem einzigen Element 0

Gleichheit von Mengen: Zwei Mengen A und B heißen dann und nur dann gleich (in Zeichen $A = B$), wenn sie dieselben Elemente haben.

Teilmenge (Untermenge): Eine Menge A heißt dann und nur dann (echte oder unechte) Teilmenge der Menge B ($A \subseteq B$), wenn jedes Element von A zugleich auch Element von B ist.

Obermenge: Ist A eine Teilmenge von B, so heißt B eine Obermenge von A.

Echte Teilmenge: A heißt echte Teilmenge von B, $A \subset B$, wenn A Teilmenge von B ist und es in B mindestens ein Element gibt, das nicht Element von A ist ($A \subseteq B$ und $A \neq B$).

Potenzmenge: Die Menge aller Teilmengen einer Menge M heißt die Potenzmenge $\mathcal{P}(M)$ der Menge M.
Hat M genau n Elemente, so hat $\mathcal{P}(M)$ genau 2^n Elemente.

Komplementärmenge: Zugrunde liegt eine Menge M. Ist $A \subseteq M$, so heißt die Menge $\overline{A} = M \setminus A := \{x \mid x \in M \text{ und } x \notin A\}$ die Komplementärmenge (Komplementmenge) von A bezüglich M.

Sind A und B Mengen, so nennt man

$A \cup B$ die **Vereinigungsmenge**
$A \cup B = \{x \mid x \in A \text{ oder } x \in B\}$

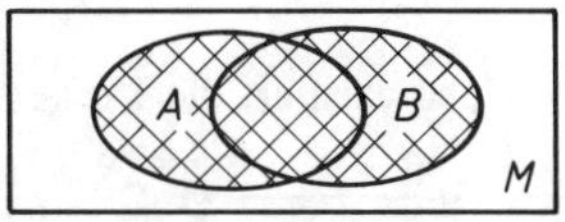

$A \cap B$ die **Durchschnittsmenge**
$A \cap B = \{x \mid x \in A \text{ und } x \in B\}$

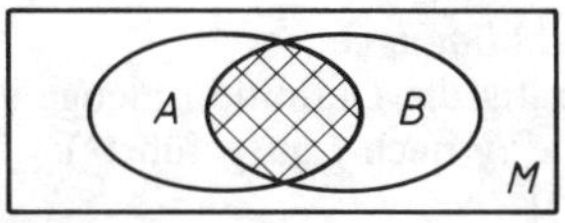

$A \setminus B$ die **Differenzmenge**
$A \setminus B = \{x \mid x \in A \text{ und } x \notin B\}$

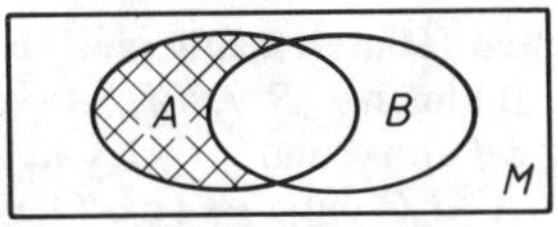

Anordnung: Ist $A \subseteq B$, so $A \cup B = B$ und umgekehrt; ist $A \subseteq B$, so $A \cap B = A$ und umgekehrt; ist $A \subseteq B$, so $\overline{B} \subseteq \overline{A}$ und umgekehrt.

Gesetze der Mengenalgebra

Zugrunde liegt eine Menge M. Für alle Teilmengen A, B und C von M gelten:

Kommutativgesetze:	$A \cup B = B \cup A$	$A \cap B = B \cap A$
Assoziativgesetze:	$A \cup (B \cup C) = (A \cup B) \cup C$	$A \cap (B \cap C) = (A \cap B) \cap C$
Idempotenzgesetze:	$A \cup A = A$	$A \cap A = A$
Distributivgesetze:	$A \cup (B \cap C) = (A \cup B) \cap (A \cup C)$	$A \cap (B \cup C) = (A \cap B) \cup (A \cap C)$
Verschmelzungsgesetze:	$A \cup (A \cap B) = A$	$A \cap (A \cup B) = A$
Komplementaritätsgesetze:	$A \cup \overline{A} = M$	$A \cap \overline{A} = \emptyset$
De Morgansche Gesetze:	$\overline{A \cup B} = \overline{A} \cap \overline{B}$	$\overline{A \cap B} = \overline{A} \cup \overline{B}$

Relationen (Beziehungen)

$A \times B := \{(a,b) \mid a \in A \text{ und } b \in B\}$ heißt das **kartesische Produkt** (die Produktmenge) von A und B.
$A \times B$ besitzt als Elemente die geordneten Paare (a,b), wobei die erste Komponente a ein Element von A und die zweite Komponente b ein Element von B ist.
Zwei geordnete Paare (a,b) und (c,d) sind dann und nur dann gleich, wenn $a = c$ und $b = d$ erfüllt sind.
Jede Teilmenge $R \subseteq A \times B$ heißt (zweistellige) **Relation** zwischen A und B.

Ordnungsrelation

Eine Menge M heißt halbgeordnet, wenn auf ihr eine zweistellige Relation $R \subseteq M \times M$ erklärt ist (statt $a\,R\,b$ schreiben wir $a \leq b$), welche die folgenden Eigenschaften hat:

Reflexiv: Für alle $a \in M$ ist $a = a$.
Identitiv: Ist $a \leq b$ und $b \leq a$, so ist stets auch $a = b$.
Transitiv: Ist $a \leq b$ und $b \leq c$, so ist stets auch $a \leq c$.

M heißt sogar totalgeordnet, wenn zusätzlich folgende Forderung erfüllt ist:

Konnex: Für alle a und b aus M gilt stets $a \leq b$ oder $b \leq a$.

Äquivalenzrelation

Eine Relation $R \subseteq M \times M$ (statt $a\,R\,b$ schreiben wir $a \sim b$) heißt eine Äquivalenzrelation, wenn sie folgende Eigenschaften besitzt:

Reflexiv: Für alle $a \in M$ ist $a \sim a$.
Symmetrisch: Ist $a \sim b$, so ist stets auch $b \sim a$.
Transitiv: Ist $a \sim b$ und $b \sim c$, so ist stets auch $a \sim c$.

Eine Äquivalenzrelation bewirkt eine Zerlegung der Menge M in paarweise disjunkte Teilmengen (Äquivalenzklassen), dabei sind in jeder Teilmenge nur zueinander äquivalente Elemente.

Abbildungen, Funktionen

Eine Abbildung (Funktion) f der Menge D in die Menge B ordnet jedem Element x von D eindeutig ein Element $f(x)$ von B zu: $f: D \to B$ mit der Elementzuordnung $x \mapsto f(x)$.
Gelesen: „x wird abgebildet auf f von x".
Ist B eine Menge reeller Zahlen, so spricht man (meist) von einer Funktion; ist $D = \mathbb{N}$, so heißt f eine Folge.

D Definitionsmenge, Quelle von f, Urbildmenge, Argumentbereich, Originalmenge
B Zielmenge, Bildmenge
x Urbild, Original
$f(x)$ Bild von x, Funktionswert zu x (gelesen: „f von x")
$f(D) := \{y \mid \text{Es gibt mindestens ein } x \in D \text{ mit } y = f(x)\}$ heißt Menge der Werte von f, Wertemenge, Menge der Bilder. Stets gilt $f(D) \subseteq B$.

$f: D \to B$ heißt **surjektiv,** wenn jedes Element von B als Bildelement wenigstens einmal auftritt,
$f: D \to B$ heißt **injektiv** (eineindeutig, umkehrbar), wenn verschiedene Urbilder stets auch verschiedene Bilder haben. (Aus $f(x_1) = f(x_2)$ folgt stets $x_1 = x_2$.)
Eine Abbildung, die zugleich surjektiv und injektiv ist, heißt **bijektiv.**

Verketten (Hintereinanderausführen) von Abbildungen

Ist die Bildmenge B von $f: A \to B$ gleichzeitig die Definitionsmenge von $g: B \to C$, so existiert die Verkettung $g \circ f$ von f und g (gelesen: „g nach f", „g nach f ausgeführt"):
$g \circ f: A \to C$ mit $x \mapsto (g \circ f)(x) = g[f(x)]$.
Das Verketten von verkettbaren Abbildungen ist assoziativ:
$h \circ (g \circ f) = (h \circ g) \circ f$.

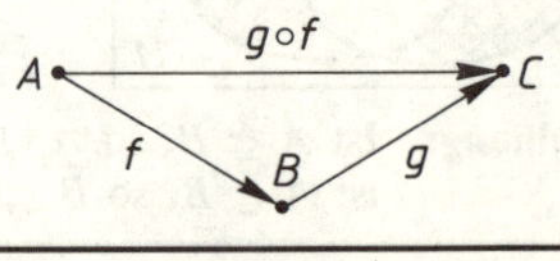

Inverse Abbildung, Umkehrabbildung

Die Abbildung $id_A : A \to A$ mit $id_A(x) = x$ für alle $x \in A$ heißt die identische Abbildung der Menge A auf sich.
Ist $f : A \to B$ bijektiv, so gibt es genau eine Umkehrabbildung (inverse Abbildung) $f^{-1} : B \to A$ mit $f^{-1}(y) = x$, wenn $y = f(x)$.
Dabei gelten: $f^{-1} \circ f = id_A$ und $f \circ f^{-1} = id_B$.

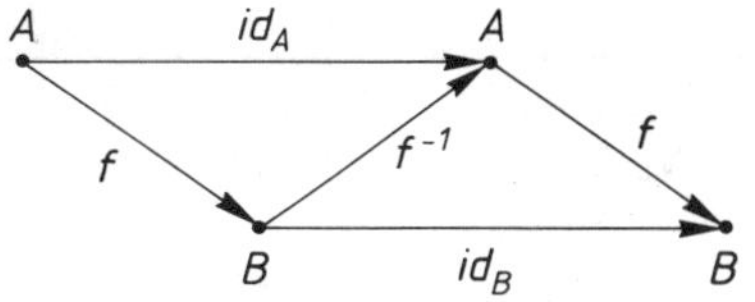

2.2 Algebraische Strukturen

Eine (zweistellige) innere Verknüpfung auf einer (nicht-leeren) Menge M ist eine Abbildung des kartesischen Produktes $M \times M$ in die Menge M. Wird $(a,b) \in M \times M$ bei der Verknüpfung $\circ$ in c abgebildet, so schreibt man $(a,b) \overset{\circ}{\mapsto} c$ oder $c = \circ((a,b))$ oder $c = a \circ b$ (vgl.: $\max(a,b)$; $a + b$).

Halbgruppe
Eine algebraische Struktur $(H, \circ)$ heißt eine Halbgruppe, wenn das Assoziativgesetz erfüllt ist:
Für alle a,b und c aus H ist $a \circ (b \circ c) = (a \circ b) \circ c$.

Gruppe
Eine algebraische Struktur $(G, \circ)$ heißt eine Gruppe, wenn die folgenden Gesetze erfüllt sind:
Assoziativgesetz: Für alle a, b und c aus G ist $a \circ (b \circ c) = (a \circ b) \circ c$.
Existenz eines neutralen Elementes: Es gibt in G (mindestens) ein Element e (neutrales Element genannt) derart, daß für alle a aus G gilt: $e \circ a = a \circ e = a$.
Existenz des Inversen a^{-1} zu jedem Element a: Zu jedem a aus G gibt es (mindestens) ein a^{-1} aus G mit $a^{-1} \circ a = a \circ a^{-1} = e$.

Beispiele: $(\mathbb{Z}, +)$, $(\mathbb{Q}^+, \cdot)$, $(\mathbb{R}, +)$, $(\mathbb{R}^+, \cdot)$, $(\mathbb{R} \setminus \{0\}, \cdot)$. Ist M eine Menge, B die Menge der bijektiven Abbildungen von M auf sich und $\circ$ das Hintereinanderausführen (Verketten), so ist $(B, \circ)$ eine Gruppe.

Eigenschaften
- In jeder Gruppe $(G, \circ)$ gibt es ein einziges neutrales Element e.
- Zu jedem a aus G gibt es ein einziges inverses Element a^{-1}.
- In jeder Gruppe gibt es zu beliebig fest vorgegebenen a und b aus G stets genau ein x aus G mit $x \circ a = b$ und stets genau ein y aus G mit $a \circ y = b$.

Eine Gruppe $(G, \circ)$ heißt **kommutative (Abelsche) Gruppe,** wenn das Kommutativgesetz gilt:
Für alle a und b aus G ist $a \circ b = b \circ a$.

Kommutativer Ring
Eine algebraische Struktur $(R, +, \cdot)$ heißt kommutativer Ring, wenn folgende Bedingungen erfüllt sind:
- $(R, +)$ ist eine kommutative Gruppe,
- $(R, \cdot)$ ist eine kommutative Halbgruppe,
- das Distributivgesetz: Für alle a, b und c aus R ist $a \cdot (b + c) = a \cdot b + a \cdot c$.

Beispiele: $(\mathbb{Z}, +, \cdot)$, Ring der Restklassen modulo n.

Eigenschaften
Ist $-a$ das zu a additiv inverse Element, so ist
$(-a) \cdot b = -(a \cdot b)$, $(-a) \cdot (-b) = a \cdot b$, $a - (b + c - d) = a - b - c + d$.
Ist 0 das neutrale Element bezüglich der Addition $+$, so ist für alle a aus R stets $a \cdot 0 = 0$; $a \cdot b = 0$ und $a \neq 0$ und $b \neq 0$ ist möglich, dann heißen a und b **Nullteiler**.

Körper:
Eine algebraische Struktur $(K, +, \cdot)$ heißt ein Körper, wenn folgende Bedingungen erfüllt sind:
- $(K, +)$ ist eine kommutative Gruppe mit dem neutralen Element 0 (Null),
- $(K \setminus \{0\}, \cdot)$ ist eine kommutative Gruppe mit dem neutralen Element 1 (Eins),
- das Distributivgesetz: Für alle a, b und c aus K ist $a \cdot (b + c) = a \cdot b + a \cdot c$.

Beispiele: $(\mathbb{Q}, +, \cdot)$, $(\mathbb{R}, +, \cdot)$, $(\mathbb{C}, +, \cdot)$, Körper der Restklassen modulo p, wobei p eine Primzahl ist.

Eigenschaften: Jeder Körper ist nullteilerfrei, das heißt, daß aus $a \cdot b = 0$ stets $a = 0$ oder $b = 0$ folgt.
Zu beliebig fest vorgegebenen a und b mit $a \neq 0$ aus K gibt es stets genau ein $x \in K$ mit $a \cdot x = b$.
Man schreibt $x = b : a$ (Existenz und Eindeutigkeit der Division durch $a \neq 0$).

BOOLEsche Algebra

Eine algebraische Struktur $(B, \sqcup, \sqcap, -)$ mit zwei zweistelligen Verknüpfungen $\sqcup$ und $\sqcap$ und einer einstelligen Verknüpfung $-$ (Abbildung von B in B) heißt BOOLEsche Algebra, wenn folgende Gesetze erfüllt sind:

Kommutativgesetze

$(K_\sqcup)$ Für alle a und b aus B ist $a \sqcup b = b \sqcup a$.

$(K_\sqcap)$ Für alle a und b aus B ist $a \sqcap b = b \sqcap a$.

Distributivgesetze

$(D_\sqcup)$ Für alle a, b und c aus B ist $a \sqcup (b \sqcap c) = (a \sqcup b) \sqcap (a \sqcup c)$.

$(D_\sqcap)$ Für alle a, b und c aus B ist $a \sqcap (b \sqcup c) = (a \sqcap b) \sqcup (a \sqcap c)$.

Existenz neutraler Elemente und Eigenschaften des Komplementes

Es gibt mindestens ein Element 0 aus B so, daß für alle a aus B gilt:

$(N_\sqcup)$ $a \sqcup 0 = a$,

$(C_\sqcap)$ $a \sqcap \overline{a} = 0$.

Es gibt mindestens ein Element 1 aus B so, daß für alle a aus B gilt:

$(N_\sqcap)$ $a \sqcap 1 = a$,

$(C_\sqcup)$ $a \sqcup \overline{a} = 1$.

Eigenschaften

In jeder BOOLEschen Algebra $(B, \sqcup, \sqcap, -)$ gibt es ein einziges Nullelement 0 und ein einziges Einselement 1.

Weiter gelten stets die folgenden Gesetze:

Assoziativgesetze

$(A_\sqcup)$ Für alle a, b und c aus B ist $a \sqcup (b \sqcup c) = (a \sqcup b) \sqcup c$.

$(A_\sqcap)$ Für alle a, b und c aus B ist $a \sqcap (b \sqcap c) = (a \sqcap b) \sqcap c$.

Idempotenzgesetze

$(I_\sqcup)$ Für alle a aus B ist $a \sqcup a = a$.

$(I_\sqcap)$ Für alle a aus B ist $a \sqcap a = a$.

Verschmelzungsgesetze (Absorptionsgesetze)

$(V_\sqcup)$ Für alle a und b aus B ist $a \sqcup (a \sqcap b) = a$.

$(V_\sqcap)$ Für alle a und b aus B ist $a \sqcap (a \sqcup b) = a$.

DE MORGANsche Gesetze

$(M_\sqcup)$ Für alle a und b aus B ist $\overline{a \sqcup b} = \overline{a} \sqcap \overline{b}$.

$(M_\sqcap)$ Für alle a und b aus B ist $\overline{a \sqcap b} = \overline{a} \sqcup \overline{b}$.

Aussagen über die neutralen Elemente

$(E_\sqcup)$ Für alle a aus B ist $a \sqcup 1 = 1$.

$(E_\sqcap)$ Für alle a aus B ist $a \sqcap 0 = 0$.

Beispiele: $(\mathcal{P}(M), \cup, \cap, -)$ für jede feste Menge M. Wahrheitswertealgebra $(\{w, f\}, \vee, \wedge, \neg)$.

Läßt sich die natürliche Zahl n nur in verschiedene Primzahlen zerlegen, so kann man über der Menge der Teiler von n mit den Verknüpfungen *kgV* (kleinstes gemeinsames Vielfaches) und *ggT* (größter gemeinsamer Teiler) eine BOOLEsche Algebra aufbauen.

Verknüpfungen der Wahrheitswertealgebra

Menge der Wahrheitswerte $W = \{w, f\}$; w (wahr), f (falsch).

Negation: $\neg p$; nicht p, non p.

Disjunktion: $p \vee q$; p oder q (einschließlich oder); p vel q.

Konjunktion: $p \wedge q$; p und q; sowohl p als auch q.

Alternative: $p \oplus q$; entweder p oder q (ausschließendes oder); p aut q.

Subjunktion: $p \to q$; wenn p, dann q; p subjungiert q.

Bijunktion: $p \leftrightarrow q$; genau dann p, wenn q; p bijungiert q.

Zusammenhänge

$p \oplus q = (p \vee q) \wedge (\neg p \vee \neg q)$

$p \oplus q = (p \wedge \neg q) \vee (\neg p \wedge q)$

$p \to q = \neg p \vee q$

$p \leftrightarrow q = (\neg p \vee q) \wedge (p \vee \neg q)$

$p \leftrightarrow q = (p \wedge q) \vee (\neg p \wedge \neg q)$

Wahrheitswertetafeln

p	$\neg p$
w	f
f	w

p	q	$p \vee q$	$p \wedge q$	$p \oplus q$	$p \to q$	$p \leftrightarrow q$
w	w	w	w	f	w	w
w	f	w	f	w	f	f
f	w	w	f	w	w	f
f	f	f	f	f	w	w

$(W, \vee, \wedge, \neg)$ ist eine BOOLEsche Algebra; f ist neutrales Element bezüglich $\vee$ und w ist neutrales Element bezüglich $\wedge$. $(W, \oplus, \wedge)$ ist ein Körper.

Tautologien (Wahrformen)

Eine Tautologie nimmt bei jeder Belegung der Wahrheitswertvariablen mit Elementen aus W den Wert w an.

Gesetz vom ausgeschlossenen Dritten: $p \vee \neg p$

Gesetz vom Widerspruch: $\neg(p \wedge \neg p)$

Gesetz von der doppelten Verneinung: $\neg(\neg p) \leftrightarrow p$

Abtrennungsregel: $a \wedge (a \to b) \to b$

Kettenschluß: $(a \to b) \wedge (b \to c) \to (a \to c)$

Alternativschluß: $(a \to b) \wedge (\neg a \to b) \to b$

Kontrapositionsgesetz: $(a \to b) \leftrightarrow (\neg b \to \neg a)$

Indirekte Schlußweise: $a \wedge (\neg b \to \neg a) \to b$

3. Analytische Geometrie der Ebene

Strecken, Dreiecke

Die Strecke P_1P_2 mit den Endpunkten $P_1(x_1/y_1)$ und $P_2(x_2/y_2)$ hat die

Länge $d = \overline{P_1P_2} = \sqrt{(x_2 - x_1)^2 + (y_2 - y_1)^2} = \sqrt{(x_1 - x_2)^2 + (y_1 - y_2)^2}$

und die

Steigung $m = \tan\alpha = \dfrac{y_2 - y_1}{x_2 - x_1} = \dfrac{y_1 - y_2}{x_1 - x_2}$

mit dem **Richtungswinkel** α, welcher der orientierte Winkel zwischen der positiven x-Achse und (P_1P_2) ist. Dabei ist $\alpha \neq 90°$ und $0° \leq \alpha < 180°$.

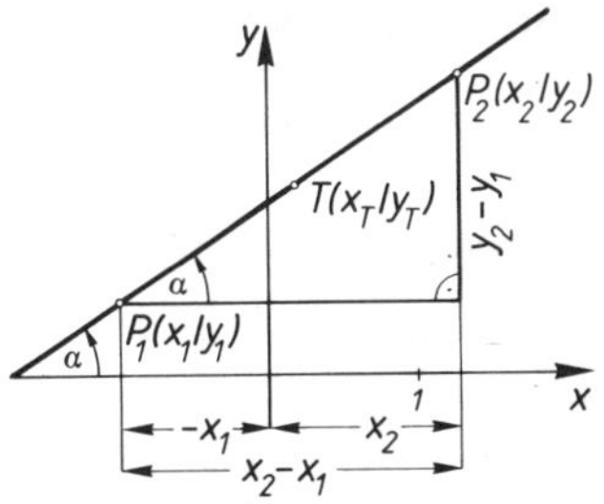

Der Punkt $T(x_T/y_T)$ der Geraden (P_1P_2) hat bezüglich der Strecke P_1P_2 das

Teilverhältnis $\lambda = \dfrac{x_T - x_1}{x_2 - x_T} = \dfrac{y_T - y_1}{y_2 - y_T}$, wobei $\overline{P_1T} = |\lambda|\ \overline{TP_2}$ gilt.

Hat der Punkt $T(x_T/y_T)$ der Geraden (P_1P_2) bezüglich der Strecke P_1P_2 das Teilverhältnis $\lambda \neq -1$,

so hat T die Koordinaten $x_T = \dfrac{x_1 + \lambda x_2}{1 + \lambda}$, $y_T = \dfrac{y_1 + \lambda y_2}{1 + \lambda}$.

Mittelpunkt $M(x_M/y_M)$ der Strecke P_1P_2 für $\lambda = 1$: $x_M = \dfrac{x_1 + x_2}{2}$, $y_M = \dfrac{y_1 + y_2}{2}$.

Flächeninhalt eines Dreiecks

Das Dreieck $P_1P_2P_3$ mit $P_1(x_1/y_1)$, $P_2(x_2/y_2)$, $P_3(x_3/y_3)$ hat den

orientierten Flächeninhalt $A = \dfrac{1}{2}\,[(x_1y_2 - x_2y_1) + (x_2y_3 - x_3y_2) + (x_3y_1 - x_1y_3)]$.

Dann und nur dann ist $A > 0$, wenn das Dreieck $P_1P_2P_3$ positiv orientiert ist.

Sonderfall: Das Dreieck OP_1P_2 mit $O(0/0)$, $P_1(x_1/y_1)$, $P_2(x_2/y_2)$ hat den

orientierten Flächeninhalt $A = \dfrac{1}{2}\begin{vmatrix} x_1 & y_1 \\ x_2 & y_2 \end{vmatrix} = \dfrac{1}{2}\,(x_1y_2 - x_2y_1)$.

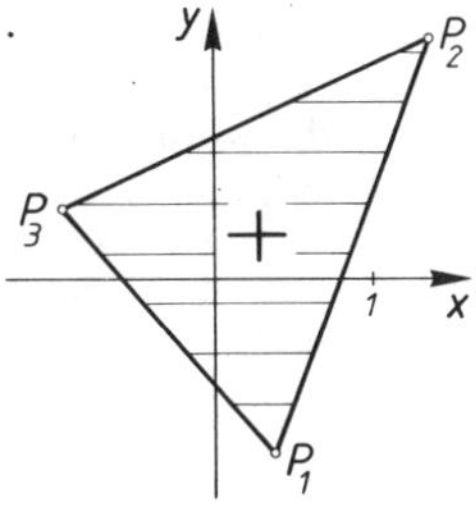

Schwerpunkt $S(x_S/y_S)$ des Dreiecks $P_1P_2P_3$: $x_S = \dfrac{x_1 + x_2 + x_3}{3}$, $y_S = \dfrac{y_1 + y_2 + y_3}{3}$.

Geraden

Hauptform der Geradengleichung

g: $y = mx + b$ (Steigung $m = \tan\alpha$, Schnittpunkt $S_y(0/b)$ mit der y-Achse),

h: $x = a$ (Parallele zur y-Achse durch den Punkt $S_x(a/0)$ der x-Achse).

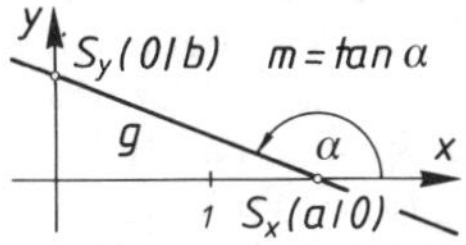

Allgemeine Form der Geradengleichung: g: $ax + by + c = 0$ mit $(a;\, b) \neq (0;\, 0)$.

Umformung in die Hesseсche Normalform:

$$g\colon\ \frac{ax + by + c}{\pm\sqrt{a^2 + b^2}} = 0 \quad \text{mit} \begin{cases} +\sqrt{\ }, & \text{wenn } c \leq 0 \\ -\sqrt{\ }, & \text{wenn } c > 0 \end{cases}$$

Abstand d des Punktes $P(x_P/y_P)$ von der Geraden g:

$$d = \left| \frac{ax_p + by_p + c}{\pm\sqrt{a^2 + b^2}} \right|$$

Achsenabschnitts-Form der Geradengleichung

g: $\dfrac{x}{a} + \dfrac{y}{b} = 1$ (Schnittpunkte mit den Koordinatenachsen sind $S_x(a/0)$, $S_y(0/b)$ für $a, b \neq 0$).

Parameterdarstellung der Geraden g mit dem Richtungswinkel α durch den Punkt $A(x_A/y_A)$:

$$\left.\begin{aligned} x &= x_A + t \cdot \cos\alpha \\ y &= y_A + t \cdot \sin\alpha \end{aligned}\right\} \quad \text{mit } t \in \mathbb{R}\ (t \text{ Parameter}).$$

Eine Gerade g kann vorgegeben werden

a) durch einen ihrer Punkte $P_1(x_1/y_1)$ und die Steigung m.
g: $y - y_1 = m(x - x_1)$ **(Punkt-Steigungs-Form)**

b) durch zwei ihrer Punkte $P_1(x_1/y_1)$ und $P_2(x_2/y_2)$.
g: $y - y_1 = \dfrac{y_2 - y_1}{x_2 - x_1}\,(x - x_1)$ **(Zwei-Punkte-Form)**

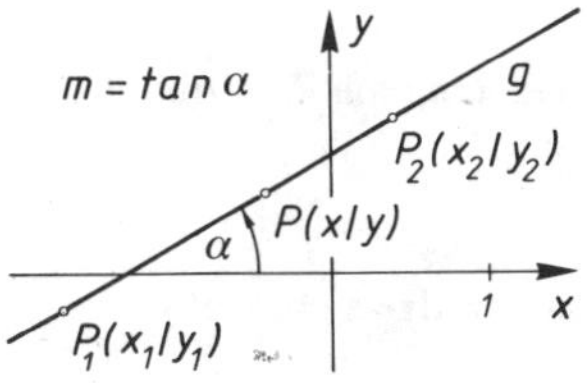

Zwei Geraden

Die Geraden $g_1 : y = m_1 x + b_1$ und $g_2 : y = m_2 x + b_2$ sind dann und nur dann zueinander **parallel,** wenn $m_1 = m_2$ erfüllt ist;
orthogonal (zueinander senkrecht), wenn $m_1 m_2 = -1$ gilt.

Größe γ des **spitzen Winkels** zwischen den Geraden g_1 und g_2: $\tan \gamma = \left| \dfrac{m_2 - m_1}{1 + m_1 m_2} \right|$ mit $0° \leq \gamma < 90°$.

Winkelgröße δ einer Drehung, die g_1 in g_2 überführt: $\tan \delta = \dfrac{m_2 - m_1}{1 + m_1 m_2}$ mit $0° \leq \delta < 180°$, $\delta \neq 90°$.

Die Geraden $g_1 : A_1 x + B_1 y + C_1 = 0$ und $g_2 : A_2 x + B_2 y + C_2 = 0$ seien durch Gleichungen in HESSEscher Normalform gegeben
($A_1^2 + B_1^2 = 1$ und $C_1 \leq 0$; $A_2^2 + B_2^2 = 1$ und $C_2 \leq 0$).
Dann lassen sich die beiden **Winkelhalbierenden** wie folgt darstellen:

$w_1 : A_1 x + B_1 y + C_1 = A_2 x + B_2 y + C_2$
$w_2 : A_1 x + B_1 y + C_1 = -(A_2 x + B_2 y + C_2)$

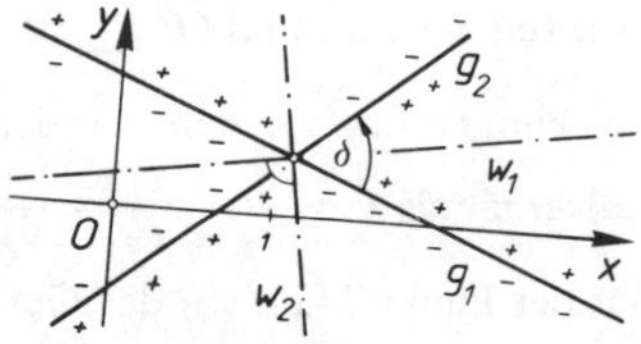

Koordinatentransformationen (Geometrische Figuren fest)

Ein kartesisches Koordinatensystem $(0;x,y)$ geht in ein neues kartesisches Koordinatensystem $(\overline{0};\overline{x},\overline{y})$ über. Sind x,y die Koordinaten des Punktes $P(x/y)$ im alten System (x alte Abszisse, y alte Ordinate); dann sind $\overline{x},\overline{y}$ die Koordinaten des gleichen Punktes $P(\overline{x}/\overline{y})$ im neuen System ($\overline{x}$ neue Abszisse, $\overline{y}$ neue Ordinate).

Parallelverschiebung des Koordinatensystems
Verschiebungsvektor $\vec{v} = x_0\vec{e_x} + y_0\vec{e_y}$

$\overline{x} = x - x_0$
$\overline{y} = y - y_0$
$x = \overline{x} + x_0$
$y = \overline{y} + y_0$

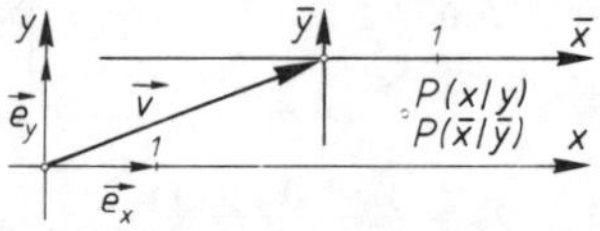

Drehung des Koordinatensystems
Drehzentrum 0, Drehwinkel α

$\overline{x} = x \cdot \cos\alpha + y \cdot \sin\alpha$
$\overline{y} = -x \cdot \sin\alpha + y \cdot \cos\alpha$
$x = \overline{x} \cdot \cos\alpha - \overline{y} \cdot \sin\alpha$
$y = \overline{x} \cdot \sin\alpha + \overline{y} \cdot \cos\alpha$

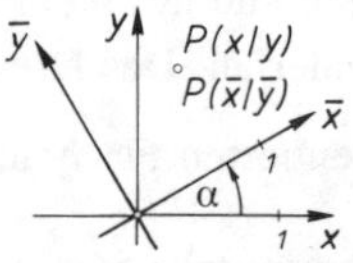

Elementare Abbildungen der Ebene auf sich (Koordinatensystem fest)

Man kann die Ebene auf zwei identisch aufeinanderliegende Koordinatensysteme, ein xy-System und ein $\overline{x}\,\overline{y}$-System, beziehen.
Urpunkte und Urfiguren (abzubildende Punkte und Figuren) werden im xy-System,
Bildpunkte und Bildfiguren (abgebildete Punkte und Figuren) im $\overline{x}\,\overline{y}$-System beschrieben.
Wird der Punkt A als $A(x/y)$ angegeben, so wird A als ein Urpunkt aufgefaßt;
wird derselbe Punkt A als $A(\overline{x}/\overline{y})$ angegeben, so wird A als ein Bildpunkt aufgefaßt.
Urpunkt (Originalpunkt) $P(x/y)$, Bildpunkt $\overline{P}(\overline{x}/\overline{y})$; Abbildung α: $P(x/y) \mapsto \overline{P}(\overline{x}/\overline{y})$.

Parallelverschiebung (Translation)
Verschiebungsvektor $\vec{v} = x_0\vec{e_x} + y_0\vec{e_y}$

Abbildungsgleichungen
$\overline{x} = x + x_0$
$\overline{y} = y + y_0$

Umkehrabbildungsgleichungen
$x = \overline{x} - x_0$
$y = \overline{y} - y_0$

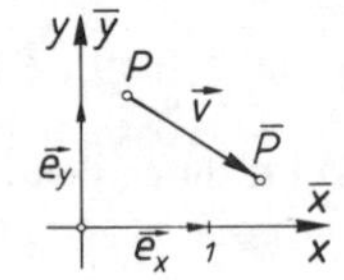

Drehung (Rotation)
um das Zentrum 0(0/0) mit dem Drehwinkel α

Abbildungsgleichungen
$\overline{x} = x\cos\alpha - y\sin\alpha$
$\overline{y} = x\sin\alpha + y\cos\alpha$

Umkehrabbildungsgleichungen
$x = \overline{x}\cos\alpha + \overline{y}\sin\alpha$
$y = -\overline{x}\sin\alpha + \overline{y}\cos\alpha$

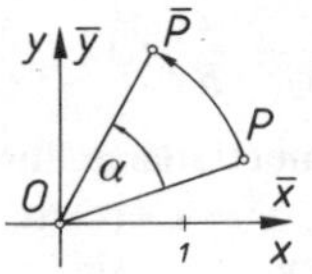

Punktspiegelung am Zentrum 0(0/0)
$\overline{x} = -x$
$\overline{y} = -y$

Punktspiegelung am Zentrum $M(a/b)$
$\overline{x} = -x + 2a$
$\overline{y} = -y + 2b$

Spiegelung an der x-Achse
$\overline{x} = x$
$\overline{y} = -y$

Spiegelung an der y-Achse
$\overline{x} = -x$
$\overline{y} = y$

Spiegelung an der 1. Winkelhalbierenden $w_1 : y = x$
$\bar{x} = y$
$\bar{y} = x$

Spiegelung an der Geraden $g : x = c$
$\bar{x} = -x + 2c$
$\bar{y} = y$

Zentrische Streckung mit dem Zentrum 0(0/0) und dem Streckungsfaktor $k \neq 0$
$\bar{x} = kx$
$\bar{y} = ky$

Zentrische Streckung mit dem Zentrum $Z(a/b)$ und dem Streckungsfaktor $k \neq 0$
$\bar{x} = kx + (1 - k)a$
$\bar{y} = ky + (1 - k)b$

Orthogonale Achsenaffinität mit der x-Achse als Achse und dem Affinitätsverhältnis $k \neq 0$
$\bar{x} = x$
$\bar{y} = ky$

Orthogonale Achsenaffinität mit der y-Achse als Achse und dem Affinitätsverhältnis $s \neq 0$
$\bar{x} = sx$
$\bar{y} = y$

Kreise

Kreis K mit Radius r und Mittelpunkt $M(0/0)$
Kreisgleichung:
K: $x^2 + y^2 = r^2$

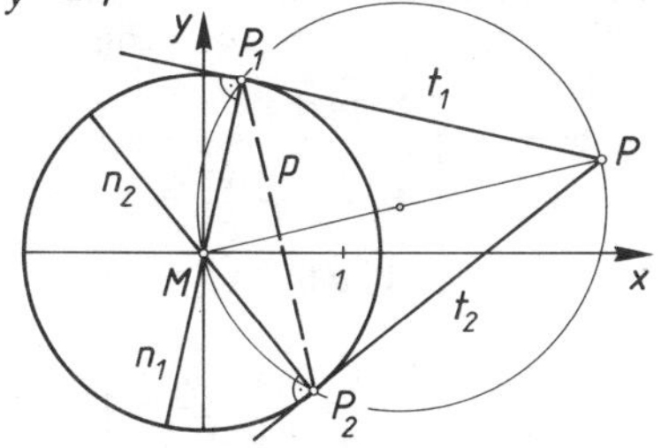

Tangente t mit dem Berührpunkt $P_1(x_1/y_1)$
t: $x_1x + y_1y = r^2$

Normale n im Kreispunkt $P_1(x_1/y_1)$
n: $y = \frac{y_1}{x_1}(x - x_1) + y_1$

Polare p zum Pol $P(x_P/y_P)$
p: $x_Px + y_Py = r^2$

Tangentenbedingungen
g: $y = mx + c$ ist dann und nur dann eine Tangente an K: $x^2 + y^2 = r^2$, wenn $r^2(1 + m^2) - c^2 = 0$ erfüllt ist.

Parameterdarstellung
$$\left.\begin{array}{l} x = r\cos\varphi \\ y = r\sin\varphi \end{array}\right\} \text{ mit } 0 \leq \varphi < 2\pi$$

Kreis K mit Radius r und Mittelpunkt $M(x_0/y_0)$
Kreisgleichung:
K: $(x - x_0)^2 + (y - y_0)^2 = r^2$

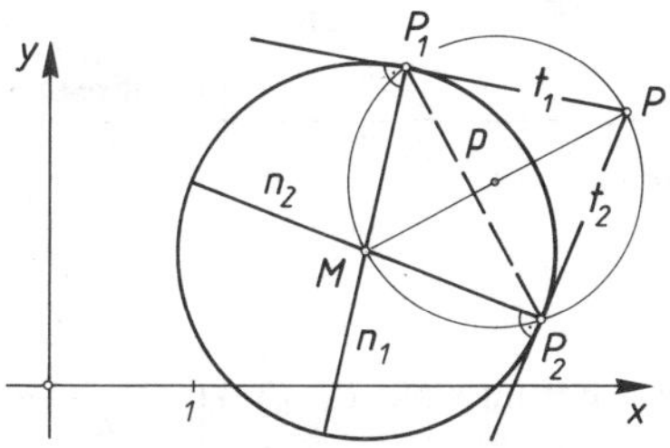

Tangente t mit dem Berührpunkt $P_1(x_1/y_1)$
t: $(x_1 - x_0)(x - x_0) + (y_1 - y_0)(y - y_0) = r^2$

Normale n im Kreispunkt $P_1(x_1/y_1)$
n: $y = \frac{y_1 - y_0}{x_1 - x_0}(x - x_1) + y_1$

Polare p zum Pol $P(x_P/y_P)$
p: $(x_P - x_0)(x - x_0) + (y_P - y_0)(y - y_0) = r^2$

Tangentenbedingungen
g: $y = mx + c$ ist dann und nur dann eine Tangente an K: $(x - x_0)^2 + (y - y_0)^2 = r^2$, wenn $r^2(m^2 + 1) - (c + mx_0 - y_0)^2 = 0$ erfüllt ist.

Parameterdarstellung
$$\left.\begin{array}{l} x = x_0 + r\cos\varphi \\ y = y_0 + r\sin\varphi \end{array}\right\} \text{ mit } 0 \leq \varphi < 2\pi$$

Ellipse als orthogonal-affines (senkrecht affines) Bild ihres Hauptkreises

Unterwirft man den Hauptkreis K_a: $x^2 + y^2 = a^2$ der orthogonalen (senkrechten) Achsenaffinität mit der x-Achse als Affinitätsachse (Fixpunktgeraden), welche durch die Abbildungsgleichungen

$\bar{x} = x$ und $\bar{y} = \frac{b}{a}y$ gegeben ist, so ergibt sich als Bildkurve die

Ellipse E: $\frac{\bar{x}^2}{a^2} + \frac{\bar{y}^2}{b^2} = 1$ bzw. E: $b^2\bar{x}^2 + a^2\bar{y}^2 = a^2b^2$.

Die Bildgeraden zweier orthogonaler (senkrechter) Urgeraden heißen konjugiert; konjugierte Richtungen: $m_1m_2 = -\frac{b^2}{a^2}$.
Flächeninhalt der Ellipse: $A = \pi ab$.

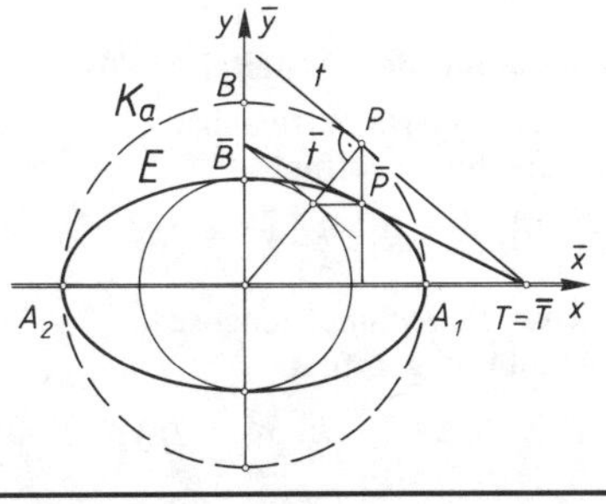

Ellipse und Hyperbel in Normallage mit dem Mittelpunkt $M(0/0)$

Ellipse

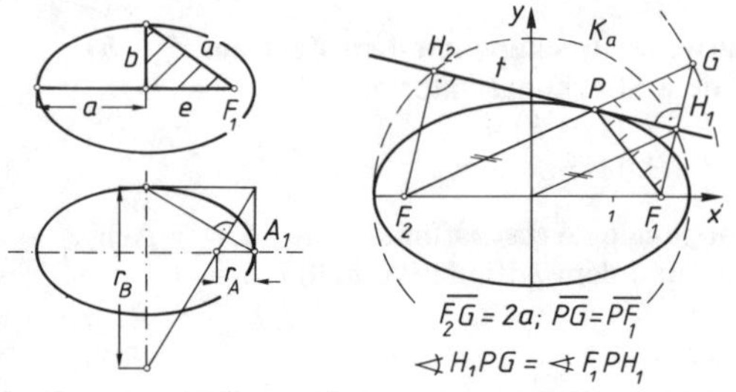

Hyperbel

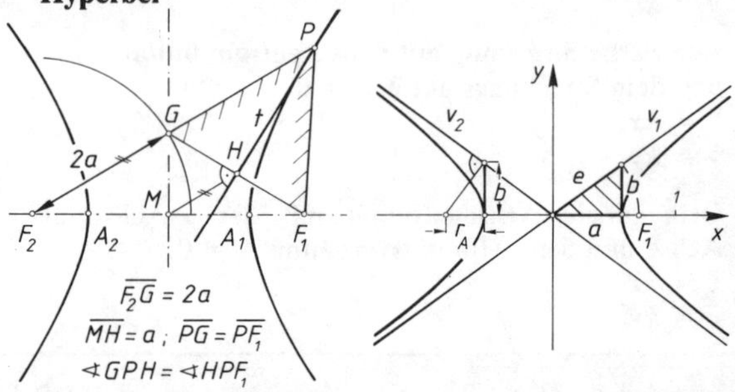

Vorgegeben sind zwei feste Punkte $F_1(e/0)$ und $F_2(-e/0)$, die Brennpunkte, sowie eine feste Länge $2a$, die Länge der Hauptachse.
Die Ellipse E ist die Menge der Punkte P mit der Eigenschaft $\overline{PF_1} + \overline{PF_2} = 2a = \text{const.}$

Vorgegeben sind zwei feste Punkte $F_1(e/0)$ und $F_2(-e/0)$, die Brennpunkte, sowie eine feste Länge $2a$, die Entfernung der Scheitel.
Die Hyperbel H ist die Menge der Punkte P mit der Eigenschaft $|\overline{PF_1} - \overline{PF_2}| = 2a = \text{const.}$

Gesucht	**Ellipse**	**Hyperbel**
Kurvengleichung	$E\colon \frac{x^2}{a^2} + \frac{y^2}{b^2} = 1$	$H\colon \frac{x^2}{a^2} - \frac{y^2}{b^2} = 1$
Hauptscheitel Nebenscheitel	$A_1(a/0),\ A_2(-a/0)$ $B_1(0/b),\ B_2(0/-b)$	$A_1(a/0),\ A_2(-a/0)$ –
Tangente t mit dem Berührpunkt $P(x_1/y_1)$	$t\colon \frac{x_1x}{a^2} + \frac{y_1y}{b^2} = 1$	$t\colon \frac{x_1x}{a^2} - \frac{y_1y}{b^2} = 1$
Polare p zum Pol $P(x_p/y_p)$	$p\colon \frac{x_px}{a^2} + \frac{y_py}{b^2} = 1$	$p\colon \frac{x_px}{a^2} - \frac{y_py}{b^2} = 1$
Tangentenbedingung	$g\colon y = mx + c$ ist dann und nur dann Tangente, wenn gilt: $a^2m^2 + b^2 - c^2 = 0.$	$a^2m^2 - b^2 - c^2 = 0.$
Asymptoten	–	$v_1\colon y = \frac{b}{a}x,\quad v_2\colon y = -\frac{b}{a}x$
Lineare Exzentrizität	$e = \sqrt{a^2 - b^2}$	$e = \sqrt{a^2 + b^2}$
Länge der Brennstrahlen zum Kurvenpunkt $P(x_1/y_1)$	$\overline{PF_1} = a - \frac{e}{a}x_1,\ \overline{PF_2} = a + \frac{e}{a}x_1$	$\overline{PF_1} = \frac{e}{a}x_1 - a,\ \overline{PF_2} = \frac{e}{a}x_1 + a$
Radien der Scheitelkrümmungskreise	$r_A = \frac{b^2}{a},\ r_B = \frac{a^2}{b}$	$r_A = \frac{b^2}{a}$
Sonderfall $a = b$	Kreis	gleichseitige Hyperbel

Parabel

Vorgegeben sind ein fester Punkt F (Brennpunkt) und eine feste Gerade l (Leitgerade).
Die Menge der Punkte P, deren Entfernung von F so groß wie ihr Abstand zu l ist, heißt Parabel k.

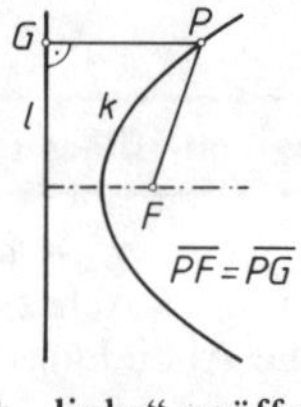

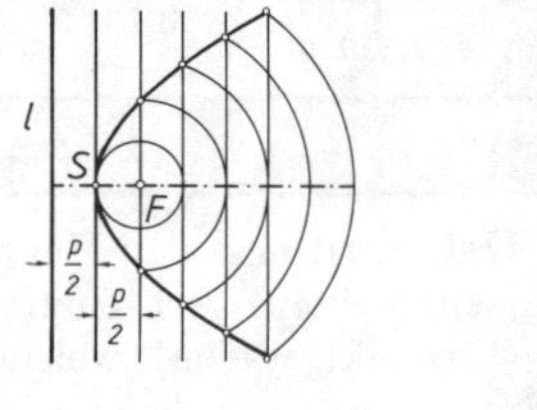

Parabeln mit dem Scheitel $S(0/0)$

x-Achse als Symmetrieachse

nach „rechts" geöffnet

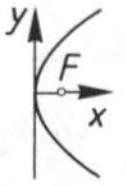

$F\left(\frac{p}{2}/0\right),\ p > 0;\quad k\colon y^2 = 2px$

nach „links" geöffnet

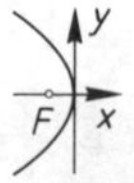

$F\left(-\frac{p}{2}/0\right),\ p > 0;\quad k\colon y^2 = -2px$

y-Achse als Symmetrieachse

nach „oben" geöffnet

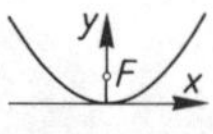

$F\left(0/\frac{p}{2}\right),\ p > 0;\quad k\colon x^2 = 2py$

nach „unten" geöffnet

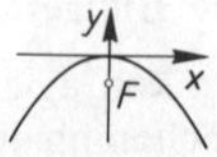

$F\left(0/-\frac{p}{2}\right),\ p > 0;\quad k\colon x^2 = -2py$

Parabel k: $y^2 = 2px$

Scheitel $S(0/0)$, Symmetrieachse ist die x-Achse, für $p > 0$ ist die Parabel nach rechts geöffnet.

Tangente t mit dem Berührpunkt $P(x_1/y_1)$: t: $y_1 y = p(x + x_1)$.
Polare q zum Pol $Q(x_Q/y_Q)$: q: $y_Q y = p(x + x_Q)$.
Tangentenbedingung:
g: $y = mx + c$ ist dann und nur dann Tangente, wenn
$p = 2\,c \cdot m$ erfüllt ist.
g: $Ax + By + C = 0$ ist dann und nur dann Tangente, wenn
$pB^2 - 2AC = 0$ erfüllt ist.

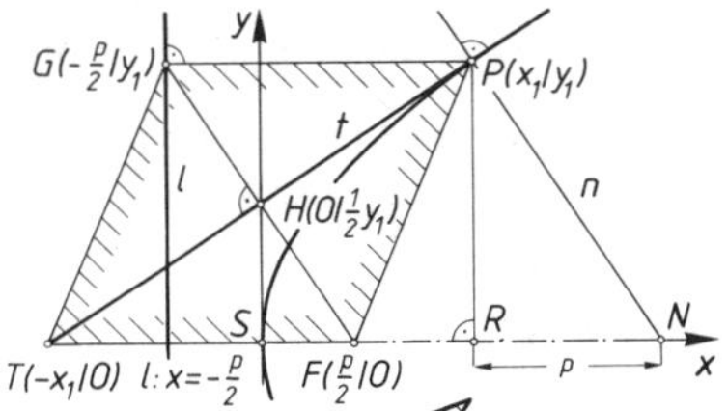

Normale n im Kurvenpunkt $P(x_1/y_1)$: n: $y - y_1 = -\dfrac{y_1}{p}(x - x_1)$

Radius des Scheitelkrümmungskreises: $r = p$

Sehnen mit der Steigung m sind konjugiert zum Durchmesser d: $y = \dfrac{p}{m}$.

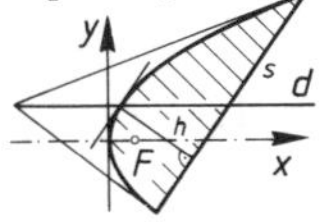

Der Parabelabschnitt hat den Flächeninhalt $A = \dfrac{2}{3}\,sh$.

4. Lineare Algebra und Analytische Geometrie

4.1 Lineare Algebra im n-dimensionalen Raum

Vektorräume

Definition eines reellen Vektorraumes

Zugrunde liegen eine kommutative Gruppe $(V, \oplus)$ mit den Elementen $\vec{a}, \vec{b}, \ldots$, der Körper $(\mathbb{R}, +, \cdot)$ der reellen Zahlen $r, s, \ldots$, sowie eine Skalarmultiplikation (S-Multiplikation) $* : \mathbb{R} \times V \to V$, die jedem geordneten Paar $(r, \vec{a})$ mit $r \in \mathbb{R}$ und $\vec{a} \in V$ eindeutig ein Element $r * \vec{a} \in V$ zuweist.

V heißt ein (reeller) Vektorraum, wenn für alle $\vec{a}, \vec{b} \in V$ und für alle $r, s \in \mathbb{R}$ gilt:

	Ausführliche Schreibweise	Verkürzte Schreibweise
Assoziativgesetz	$r * (s * \vec{a}) = (r \cdot s) * \vec{a}$	$r(s\,\vec{a}) = (rs)\,\vec{a}$
Distributivgesetze	$(r + s) * \vec{a} = r * \vec{a} \oplus s * \vec{a}$	$(r + s)\,\vec{a} = r\,\vec{a} + s\,\vec{a}$
	$r * (\vec{a} \oplus \vec{b}) = r * \vec{a} \oplus r * \vec{b}$	$r\,(\vec{a} + \vec{b}) = r\,\vec{a} + r\,\vec{b}$
Eins-Gesetz	$1 * \vec{a} = \vec{a}$	$1\,\vec{a} = \vec{a}$

Oft wird mit V der Vektorraum bezeichnet, obwohl streng genommen V nur die Trägermenge des Vektorraumes $((V, \oplus), (\mathbb{R}, +, \cdot), *)$ ist. Die Elemente von V heißen Vektoren, die Elemente von $\mathbb{R}$ Skalare.

Eigenschaften

Das neutrale Element $\vec{0}$ aus $(V, \oplus)$ heißt der Nullvektor. Für alle $r \in \mathbb{R}$ ist $r\,\vec{0} = \vec{0}$ und für alle $\vec{a} \in V$ ist $0\,\vec{a} = \vec{0}$. Ist $r\,\vec{a} = \vec{0}$, so ist $r = 0$ oder $\vec{a} = \vec{0}$. Das in $(V, \oplus)$ zu $\vec{a}$ inverse Element wird mit $-\vec{a}$ bezeichnet und der Gegenvektor von $\vec{a}$ genannt: $-\vec{a} = (-1)\,\vec{a}$. Statt $\vec{a} + (-\vec{b})$ schreibt man $\vec{a} - \vec{b}$ und nennt $\vec{a} - \vec{b}$ den Differenzvektor von $\vec{a}$ und $\vec{b}$. Für alle $r \in \mathbb{R}$ gilt: $-(r\,\vec{a}) = r\,(-\vec{a}) = (-r)\,\vec{a}$.

Definition eines Untervektorraumes

Eine Teilmenge U eines Vektorraumes V heißt Untervektorraum von V, wenn U bezüglich den auf V definierten Verknüpfungen Vektoraddition und S-Multiplikation ein Vektorraum ist.

Kriterium für einen Untervektorraum

Eine nicht-leere Teilmenge U eines Vektorraumes V ist schon dann als Untervektorraum von V erkannt, wenn man nur weiß, daß U bezüglich der Vektoraddition und bezüglich der S-Multiplikation abgeschlossen ist:
Sind $\vec{a} \in U$ und $\vec{b} \in U$, so ist stets auch $\vec{a} + \vec{b} \in U$; ist $\vec{a} \in U$, so ist für jedes $r \in \mathbb{R}$ stets auch $r\,\vec{a} \in U$.

Linearkombinationen, lineare Unabhängigkeit, lineare Abhängigkeit, Basis, Dimension

Sind $\vec{a_1}, \vec{a_2}, \ldots, \vec{a_k}$ endlich viele Vektoren eines Vektorraumes V, so heißt jeder Vektor
$\vec{x} = r_1\vec{a_1} + r_2\vec{a_2} + \ldots + r_k\vec{a_k}$ mit $r_1, r_2, \ldots, r_k \in \mathbb{R}$
eine **Linearkombination** der Vektoren $\vec{a_1}, \vec{a_2}, \ldots, \vec{a_k}$ mit den Koeffizienten $r_1, r_2, \ldots, r_k$.

Die Menge aller Linearkombinationen der Vektoren $\vec{a_1}, \ldots, \vec{a_k}$ bildet einen Untervektorraum von V. Dieser heißt die von den Vektoren $\vec{a_1}, \ldots, \vec{a_k}$ aufgespannte **lineare Hülle** $[\vec{a_1}, \ldots, \vec{a_k}]$.

Endlich viele Vektoren $\vec{a_1}, \vec{a_2}, \ldots, \vec{a_k}$ heißen dann und nur dann **linear unabhängig,** wenn man aus ihnen den Nullvektor $\vec{0}$ nur in trivialer Weise linear kombinieren kann:
wenn aus $r_1\vec{a_1} + r_2\vec{a_2} + \ldots + r_k\vec{a_k} = \vec{0}$ stets $r_1 = r_2 = \ldots = r_k = 0$ folgt.

Die Vektoren $\vec{a_1}, \vec{a_2}, \ldots, \vec{a_k}$ heißen dann und nur dann **linear abhängig,** wenn es mindestens eine (nichttriviale) Darstellung des Nullvektors $\vec{0}$ als Linearkombination $r_1\vec{a_1} + r_2\vec{a_2} + \ldots + r_k\vec{a_k} = \vec{0}$ gibt, wobei mindestens einer der Koeffizienten $r_i \neq 0$ ist ($i \in \{1, \ldots, k\}$).

Ist $\vec{b} \neq \vec{0}$, so sind die zwei Vektoren $\vec{a}$ und $\vec{b}$ dann und nur dann **linear abhängig (kollinear),** wenn es eine reelle Zahl r gibt mit $\vec{a} = r\,\vec{b}$.

Im Falle $k \geq 2$ sind die Vektoren $\vec{a_1}, \ldots, \vec{a_k}$ dann und nur dann linear abhängig, wenn mindestens einer von ihnen eine Linearkombination der übrigen ist. Zwei von $\vec{0}$ verschiedene linear abhängige Vektoren nennt man auch **kollinear,** drei von $\vec{0}$ verschiedene linear abhängige Vektoren heißen auch **komplanar.**

Eine Teilmenge E eines Vektorraumes V heißt dann und nur dann ein **Erzeugendensystem** von V, wenn jeder Vektor von V als Linearkombination der Vektoren aus E darstellbar ist. Diese Darstellung ist für jeden Vektor aus V dann eindeutig bestimmt, wenn die Vektoren des Erzeugendensystems E linear unabhängig sind. Ist dies der Fall, so heißt E eine **Basis** des Vektorraumes V. Besitzt ein Vektorraum V eine Basis mit genau n Vektoren, so hat jede Basis von V genau n Vektoren. Der Vektorraum V hat dann die **Dimension** n.

Basis und Koordinaten

Ist $\{\vec{e_1}, \ldots, \vec{e_n}\}$ eine Basis eines Vektorraumes V der Dimension n, so kann jeder Vektor $\vec{x} \in V$ durch eine eindeutig bestimmte Linearkombination $\vec{x} = r_1\vec{e_1} + \ldots + r_n\vec{e_n}$ dargestellt werden. Dabei heißt $(r_1, \ldots, r_n)$ das Koordinaten n-Tupel von $\vec{x}$ bezüglich der Basis $\{\vec{e_1}, \ldots, \vec{e_n}\}$.

Skalarprodukt, Euklidische Vektorräume

Es sei V ein Vektorraum. Eine Abbildung $V \times V \rightarrow \mathbb{R}$, die jedem geordneten Paar $(\vec{x}, \vec{y})$ von Vektoren eindeutig eine reelle Zahl $\vec{x} \cdot \vec{y}$ zuweist, heißt Skalarprodukt (inneres Produkt), wenn gilt:

Für alle $\vec{x}, \vec{y}, \vec{z} \in V$ und alle $r \in \mathbb{R}$ sind die folgenden Forderungen erfüllt:

1. Symmetrisch: $\vec{x} \cdot \vec{y} = \vec{y} \cdot \vec{x}$
2. Bilinear: $(\vec{x} + \vec{y}) \cdot \vec{z} = \vec{x} \cdot \vec{z} + \vec{y} \cdot \vec{z}$ (additiv)
   $(r\,\vec{x}) \cdot \vec{y} = r\,(\vec{x} \cdot \vec{y})$ (homogen)
3. **Positiv definit:** Für alle $\vec{x} \in V$ ist $\vec{x} \cdot \vec{x} \geq 0$ und aus $\vec{x} \cdot \vec{x} = 0$ folgt $\vec{x} = \vec{0}$.

Ein Vektorraum, auf dem ein Skalarprodukt erklärt ist, heißt Euklidischer Vektorraum.

Fundamentalgrößen im Falle $n = 3$

Es sei $\{\vec{b_1}, \vec{b_2}, \vec{b_3}\}$ eine Basis eines dreidimensionalen Euklidischen Vektorraumes V. Die Skalarprodukte
$\vec{b_1} \cdot \vec{b_1} = g_{11}$, $\vec{b_1} \cdot \vec{b_2} = g_{12} = \vec{b_2} \cdot \vec{b_1} = g_{21}$, $\vec{b_1} \cdot \vec{b_3} = g_{13} = \vec{b_3} \cdot \vec{b_1} = g_{31}$,
$\vec{b_2} \cdot \vec{b_2} = g_{22}$, $\vec{b_2} \cdot \vec{b_3} = g_{23} = \vec{b_3} \cdot \vec{b_2} = g_{32}$, $\vec{b_3} \cdot \vec{b_3} = g_{33}$
der Basisvektoren heißen (die der Basis $\{\vec{b_1}, \vec{b_2}, \vec{b_3}\}$ zugeordneten) Fundamentalgrößen.
Zu $\vec{x} = x_1\vec{b_1} + x_2\vec{b_2} + x_3\vec{b_3}$ und $\vec{y} = y_1\vec{b_1} + y_2\vec{b_2} + y_3\vec{b_3}$ ergibt sich das Skalarprodukt
$\vec{x} \cdot \vec{y} = g_{11}x_1y_1 + g_{12}(x_1y_2 + x_2y_1) + g_{13}(x_1y_3 + x_3y_1) + g_{22}x_2y_2 + g_{23}(x_2y_3 + x_3y_2) + g_{33}x_3y_3$.

Betrag (Norm) eines Vektors eines Euklidischen Vektorraumes

Definition: Der Vektor $\vec{x} \in V$ hat den Betrag (die Norm, die Länge) $|\vec{x}| := \sqrt{\vec{x} \cdot \vec{x}}$.

Eigenschaften der Norm

Für alle $\vec{x} \in V$ ist $|\vec{x}| \geq 0$; ist $|\vec{x}| = 0$, so ist $\vec{x} = \vec{0}$. Es ist $|r\,\vec{x}| = |r||\vec{x}|$.

Für alle $\vec{x}, \vec{y} \in V$ gilt: $|\vec{x} + \vec{y}| \leq |\vec{x}| + |\vec{y}|$ (Dreiecksungleichung)

Für alle $\vec{x}, \vec{y} \in V$ gilt: $-|\vec{x}||\vec{y}| \leq |\vec{x} \cdot \vec{y}| \leq |\vec{x}||\vec{y}|$ (SCHWARZsche Ungleichung)

Winkelmaß

Das Maß φ des nicht-orientierten Winkels $\sphericalangle(\vec{x}, \vec{y})$ zwischen zwei Vektoren $\vec{x} \neq \vec{0}$ und $\vec{y} \neq \vec{0}$ eines EUKLIDischen Vektorraumes berechnet man aus $\cos \varphi = \dfrac{\vec{x} \cdot \vec{y}}{|\vec{x}||\vec{y}|}$ mit $0 \leq \varphi \leq \pi$.

Orthogonalität

Zwei Vektoren $\vec{x}$ und $\vec{y}$ heißen dann und nur dann orthogonal (normal, senkrecht), wenn gilt: $\vec{x} \cdot \vec{y} = 0$.
Der Nullvektor $\vec{0}$ ist zu jedem Vektor $\vec{x} \in V$ orthogonal.
Ist $\vec{x} \neq \vec{0}$ und $\vec{y} \neq \vec{0}$ und $\vec{x} \cdot \vec{y} = 0$, so schließen $\vec{x}$ und $\vec{y}$ einen Winkel der Größe $\frac{\pi}{2}$ ein.

Standardskalarprodukt, Orthonormalbasis

Eine Basis $\{\vec{e_1}, \ldots, \vec{e_n}\}$ heißt Orthonormalbasis, wenn jeder Basisvektor den Betrag 1 hat und je zwei verschiedene Basisvektoren stets orthogonal sind ($\vec{e_i} \cdot \vec{e_i} = 1$ für alle i und $\vec{e_i} \cdot \vec{e_k} = 0$ für $i \neq k$).
Jeder Orthonormalbasis eines dreidimensionalen Vektorraumes sind die Fundamentalgrößen
$g_{11} = g_{22} = g_{33} = 1$ und $g_{12} = g_{13} = g_{23} = 0$ zugeordnet.
Zu $\vec{x} = x_1\vec{e_1} + x_2\vec{e_2} + x_3\vec{e_3}$ und $\vec{y} = y_1\vec{e_1} + y_2\vec{e_2} + y_3\vec{e_3}$ ergibt sich das

Standardskalarprodukt $\vec{x} \cdot \vec{y} = x_1y_1 + x_2y_2 + x_3y_3$.

Der Vektor $\vec{x} = x_1\vec{e_1} + x_2\vec{e_2} + x_3\vec{e_3}$ hat den Betrag (die Norm) $|\vec{x}| = \sqrt{x_1^2 + x_2^2 + x_3^2}$.

Affine Punkträume

Vorgegeben sind eine nicht-leere Menge A, deren Elemente $P, Q, R, \ldots$ Punkte heißen, sowie ein (reeller) n-dimensionaler Vektorraum V. A heißt n-dimensionaler (reeller) affiner Raum (Punktraum), wenn eine Abbildung $A \times A \to V$ vorliegt, die jedem geordneten Paar (P, Q) von Punkten aus A eindeutig einen Vektor $\overrightarrow{PQ}$ aus V so zuordnet, daß folgende Forderungen erfüllt sind:

1. Zu jedem beliebigen Punkt $P \in A$ und jedem Vektor $\vec{a} \in V$ gibt es genau einen Punkt Q aus A mit $\vec{a} = \overrightarrow{PQ}$.
2. Für alle Punkte P, Q, R aus A gilt $\overrightarrow{PQ} + \overrightarrow{QR} = \overrightarrow{PR}$.

Ortsvektor

Ist O ein festgehaltener Punkt von A, so heißt das geordnete Paar $(O; \vec{x})$ mit $\vec{x} = \overrightarrow{OX}$ der Ortsvektor des Punktes X (bezüglich O). O heißt „Ursprung". Oft schreibt man statt $(O; \vec{x})$ nur $\vec{x}$.

4.2 Vektorgeometrie im Anschauungsraum

Vektoren im Raum (bezogen auf ein kartesisches Koordinatensystem)

Kartesisches Koordinatensystem

Die Basisvektoren $\vec{e_1}, \vec{e_2}, \vec{e_3}$ haben jeweils die Länge 1 und sind paarweise orthogonal (Orthonormalbasis).
Das Skalarprodukt ist das

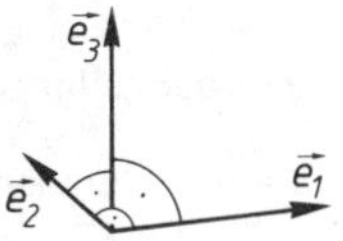

Standardskalarprodukt: $\vec{x} \cdot \vec{y} = \begin{pmatrix} x_1 \\ x_2 \\ x_3 \end{pmatrix} \cdot \begin{pmatrix} y_1 \\ y_2 \\ y_3 \end{pmatrix} = x_1y_1 + x_2y_2 + x_3y_3$.

Der **Betrag** (die Länge) des Vektors $\vec{x} = \begin{pmatrix} x_1 \\ x_2 \\ x_3 \end{pmatrix} = x_1\vec{e_1} + x_2\vec{e_2} + x_3\vec{e_3}$ ist $|\vec{x}| = \sqrt{x_1^2 + x_2^2 + x_3^2}$.

Größe φ des **Winkels** zwischen $\vec{x} = \begin{pmatrix} x_1 \\ x_2 \\ x_3 \end{pmatrix}$ und $\vec{y} = \begin{pmatrix} y_1 \\ y_2 \\ y_3 \end{pmatrix}$ aus $\cos\varphi = \dfrac{x_1y_1 + x_2y_2 + x_3y_3}{\sqrt{x_1^2 + x_2^2 + x_3^2}\sqrt{y_1^2 + y_2^2 + y_3^2}}$

$\vec{x}$ und $\vec{y}$ sind dann und nur dann **orthogonal,** wenn $\vec{x} \cdot \vec{y} = x_1y_1 + x_2y_2 + x_3y_3 = 0$ erfüllt ist.

Vektor $\overrightarrow{AB}$, welcher durch den Pfeil von $A(\vec{x_A})$ nach $B(\vec{x_B})$ festgelegt ist: $\overrightarrow{AB} = \vec{x_B} - \vec{x_A}$.

Länge der Strecke AB: $d = \overline{AB} = |\overrightarrow{AB}| = \sqrt{(\vec{x_B} - \vec{x_A}) \cdot (\vec{x_B} - \vec{x_A})}$.

Teilverhältnis: Der Punkt $T(\vec{x_T})$ hat bezüglich der Strecke AB das Teilverhältnis t,

wenn $\overrightarrow{AT} = t\,\overrightarrow{TB}$, also $\vec{x_T} - \vec{x_A} = t\,(\vec{x_B} - \vec{x_T})$ erfüllt ist; $\vec{x_T} = \dfrac{\vec{x}_A + t\vec{x_B}}{1 + t}$ für $t \neq -1$.

Flächeninhalt des Parallelogramms $ABCD$ mit $\overrightarrow{AB} = \vec{x}_B - \vec{x}_A = \vec{a}$, $\overrightarrow{AD} = \vec{x}_D - \vec{x}_A = \vec{b}$:

$A = |\,\vec{a} \times \vec{b}\,| = \sqrt{(\vec{a}\cdot\vec{a})\,(\vec{b}\cdot\vec{b}) - (\vec{a}\cdot\vec{b})\,(\vec{a}\cdot\vec{b})}$.

Vektorprodukt (bezogen auf ein räumliches kartesisches Rechtssystem)

Kartesisches Rechtskoordinatensystem

Die Basis $\{\vec{e_1}, \vec{e_2}, \vec{e_3}\}$ ist orthonormiert,

$\vec{e_1}$, $\vec{e_2}$ und $\vec{e_3}$ bilden in dieser Reihenfolge ein Rechtssystem.

Vektorprodukt (äußeres Produkt, Kreuzprodukt)

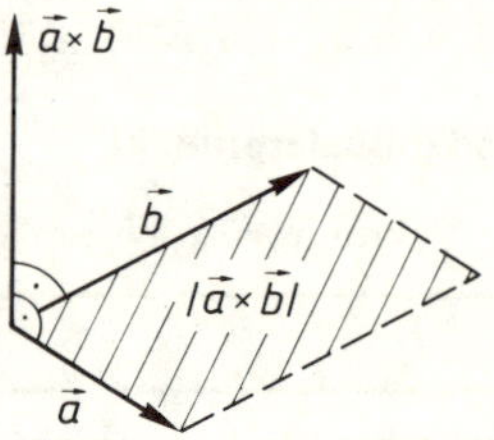

Der Vektor $\vec{a} \times \vec{b}$ (gelesen: „$\vec{a}$ kreuz $\vec{b}$") ist zu $\vec{a}$ und zu $\vec{b}$ orthogonal,

$\vec{a}$, $\vec{b}$ und $\vec{a} \times \vec{b}$ bilden in dieser Reihenfolge ein Rechtssystem,

$|\vec{a} \times \vec{b}| = |\vec{a}| \cdot |\vec{b}| \cdot \sin \sphericalangle(\vec{a}, \vec{b})$ ist gleich dem Flächeninhalt eines von $\vec{a}$ und $\vec{b}$ aufgespannten Parallelogramms.

$$\vec{a} \times \vec{b} = \begin{pmatrix} a_1 \\ a_2 \\ a_3 \end{pmatrix} \times \begin{pmatrix} b_1 \\ b_2 \\ b_3 \end{pmatrix} = \begin{pmatrix} a_2b_3 - a_3b_2 \\ -a_1b_3 + a_3b_1 \\ a_1b_2 - a_2b_1 \end{pmatrix}$$

Sonderfälle: $a \times b = \vec{0} \Leftrightarrow \vec{a}$ und $\vec{b}$ sind linear abhängig. $\vec{a} \times \vec{b} = |\vec{a}| \cdot |\vec{b}| \Leftrightarrow \vec{a}$ und $\vec{b}$ sind orthogonal.

Spatprodukt

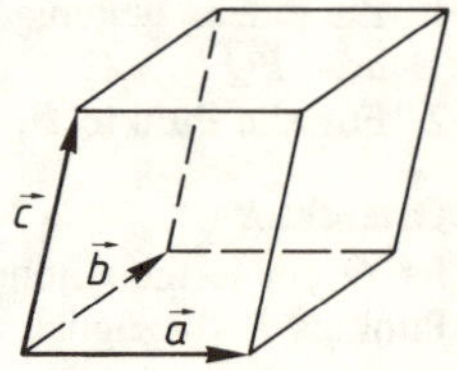

$(\vec{a}, \vec{b}, \vec{c}) := \vec{a} \cdot (\vec{b} \times \vec{c})$ ist eine reelle Zahl. Deren Betrag ist gleich dem Volumen eines von $\vec{a}$, $\vec{b}$ und $\vec{c}$ aufgespannten Parallelflachs (Spats).

Ist $(\vec{a}, \vec{b}, \vec{c}) > 0$ (< 0), so bilden $\vec{a}$, $\vec{b}$ und $\vec{c}$ ein Rechts-(Links-)System.

$$(\vec{a}, \vec{b}, \vec{c}) = \begin{vmatrix} a_1 & b_1 & c_1 \\ a_2 & b_2 & c_2 \\ a_3 & b_3 & c_3 \end{vmatrix} = a_1(b_2c_3 - b_3c_2) - a_2(b_1c_3 - b_3c_1) + a_3(b_1c_2 - b_2c_1).$$

Sonderfall: $(\vec{a}, \vec{b}, \vec{c}) = 0 \Leftrightarrow \vec{a}$, $\vec{b}$ und $\vec{c}$ sind linear abhängig.

Parameterdarstellung einer Geraden

g: $\vec{x} = \vec{x_1} + \lambda\vec{a}$ mit $\lambda \in \mathbb{R}$ **(Punkt-Richtungs-Form)**

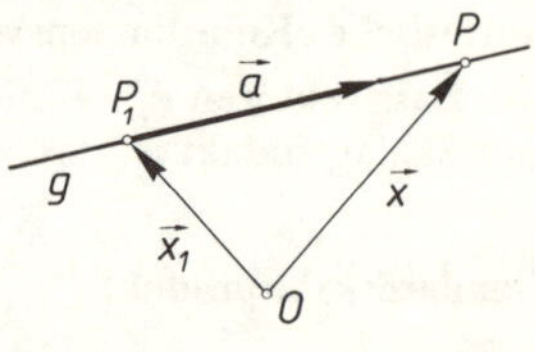

g geht durch den Punkt $P_1(\vec{x_1})$ und hat den Richtungsvektor $\vec{a} \neq \vec{0}$;

$P_1(\vec{x_1})$ heißt Aufpunkt, λ Parameter und die Gleichung eine Parameterdarstellung der Geraden g. Da jeder Punkt der Geraden g als Aufpunkt und alle Vielfachen $k\vec{a} \neq \vec{0}$ als Richtungsvektoren geeignet sind, gibt es unendlich viele Parameterdarstellungen der einen Geraden g.

Sind von der Geraden g zwei Punkt $P_1(\vec{x_1})$ und $P_2(\vec{x_2})$ gegeben, so ergibt sich

g: $\vec{x} = \vec{x_1} + \lambda(\vec{x_2} - \vec{x_1})$ mit $\lambda \in \mathbb{R}$ **(Zwei-Punkte-Form)**

Parameterfreie Darstellung einer Geraden im Raum als Schnittmannigfaltigkeit zweier Ebenen:

g: $a_1x + b_1y + c_1z + d_1 = 0$ und $a_2x + b_2y + c_2z + d_2 = 0$.

Zwei Geraden im Raum

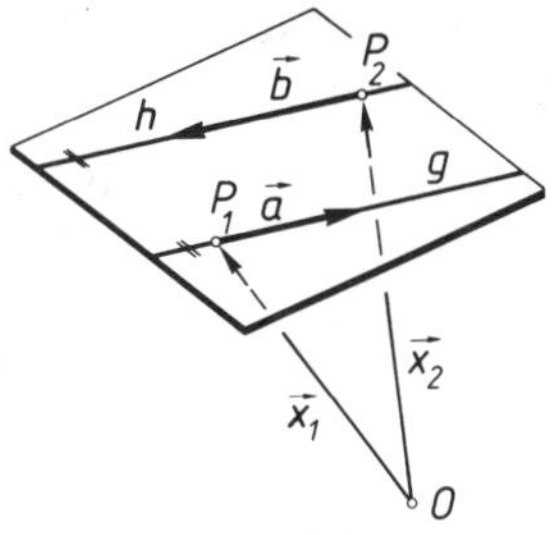

Bei der gegenseitigen Lage zweier Geraden g: $\vec{x} = \vec{x_1} + \lambda\vec{a}$ mit $\lambda \in \mathbb{R}$ und h: $\vec{x} = \vec{x_2} + \mu\vec{b}$ mit $\mu \in \mathbb{R}$ im Raum sind folgende Fälle zu unterscheiden:

1. Fall: *g* und *h* liegen in einer Ebene.
In diesem Fall sind $\vec{x_2} - \vec{x_1}$, $\vec{a}$ und $\vec{b}$ linear abhängig (komplanar).

1. Unterfall: *g* und *h* sind parallel.
Dann sind schon $\vec{a}$ und $\vec{b}$ linear abhängig (kollinear).
Sind überdies $\vec{x_2} - \vec{x_1}$ und $\vec{a}$ linear abhängig (kollinear), so handelt es sich bei g und h um die gleiche Gerade.

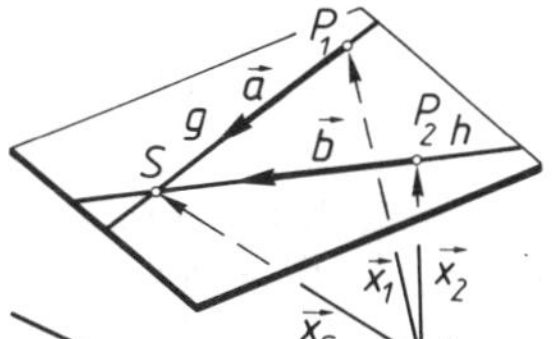

2. Unterfall: *g* und *h* haben genau einen Schnittpunkt.
Dann sind $\vec{a}$ und $\vec{b}$ linear unabhängig.
Dann haben g und h genau einen gemeinsamen Punkt $S(\vec{x_S})$ von g und h, daher gibt es zwei Zahlen λ_0 und μ_0 mit $\vec{x_1} + \lambda_0\vec{a} = \vec{x_2} + \mu_0\vec{b}$ und es ist $\vec{x_S} = \vec{x_1} + \lambda_0\vec{a} = \vec{x_2} + \mu_0\vec{b}$.

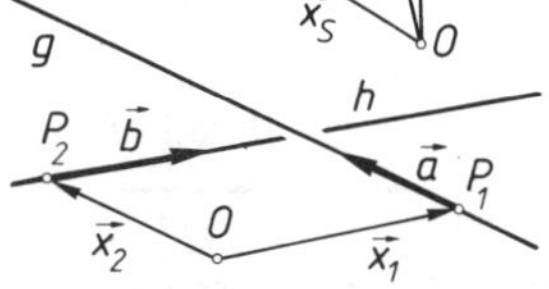

2. Fall: *g* und *h* sind windschief.
Dann gibt es keine Ebene, in der g und h liegen. Dann sind $\vec{x_2} - \vec{x_1}$, $\vec{a}$ und $\vec{b}$ linear unabhängig.
Windschiefe Geraden haben keinen Schnittpunkt und sind auch nicht parallel.

Parameterdarstellung einer Ebene

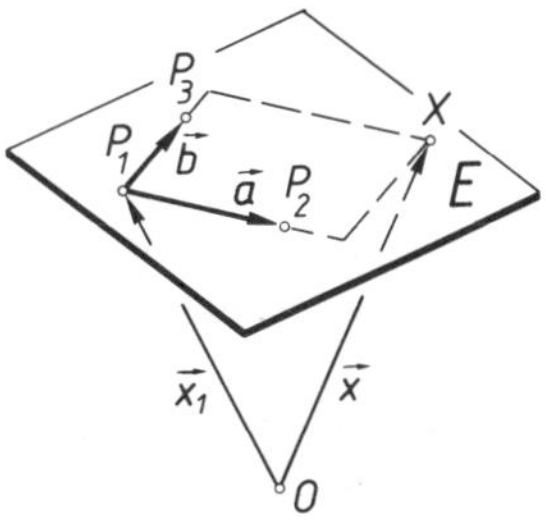

Eine Ebene E kann eindeutig vorgegeben werden

a) durch einen ihrer Punkte $P(\vec{x_1})$ und zwei linear unabhängige Richtungsvektoren $\vec{a}$ und $\vec{b}$ (parallel zu E)
E: $\vec{x} = \vec{x_1} + \lambda\vec{a} + \mu\vec{b}$ mit $\lambda, \mu \in \mathbb{R}$.

b) durch einen ihrer Punkte $P(\vec{x_1})$ und eine Gerade g: $\vec{x} = \vec{x_2} + \nu\vec{a}$, welche in E liegt und P nicht als einen ihrer Punkte enthält
E: $\vec{x} = \vec{x_1} + \lambda(\vec{x_2} - \vec{x_1}) + \mu\vec{a}$ mit $\lambda, \mu \in \mathbb{R}$.

c) durch drei ihrer Punkte $P_1(\vec{x_1})$, $P_2(\vec{x_2})$, $P_3(\vec{x_3})$, welche nicht alle auf einer einzigen Geraden liegen (dann sind $\vec{x_2} - \vec{x_1}$ und $\vec{x_3} - \vec{x_1}$ linear unabhängig)
E: $\vec{x} = \vec{x_1} + \lambda(\vec{x_2} - \vec{x_1}) + \mu(\vec{x_3} - \vec{x_1})$ mit $\lambda, \mu \in \mathbb{R}$.

Anmerkung: Sind $\vec{a}$ und $\vec{b}$ linear abhängig (beispielsweise $\vec{a} = r\vec{b}$), so wird durch $\vec{x} = \vec{x_1} + \lambda\vec{a} + \mu\vec{b}$ eine Gerade (beispielsweise g: $\vec{x} = \vec{x_1} + (r\lambda + \mu)\vec{b}$) gegeben.

Parameterfreie Darstellung von Ebenen, Hessesche Normalform

E: $\vec{n} \cdot (\vec{x} - \vec{x_1}) = 0$; in kartesischen Koordinaten E: $n_x x + n_y y + n_z z - n_x x_1 - n_y y_1 - n_z z_1 = 0$.
Festgelegt wird die Ebene E hier durch einen Punkt $P_1(x_1/y_1/z_1)$ und einen Normalenvektor $\vec{n} = \begin{pmatrix} n_x \\ n_y \\ n_z \end{pmatrix}$.

Berechnungen von Winkelgrößen

Die Ebene E: $\vec{n}\ (\vec{x} - \vec{x_1}) = 0$ und die Gerade g: $\vec{x} = \vec{x_2} + \lambda\vec{a}$ mit $\lambda \in \mathbb{R}$ schließen einen Winkel der Größe α

mit $\sin\alpha = \dfrac{|\vec{a}\ \vec{n}|}{|\vec{a}|\,|\vec{n}|}$ mit $0 \leqq \alpha \leqq \dfrac{\pi}{2}$ ein.

Die Ebenen E: $\vec{n}\ (\vec{x} - \vec{x_1}) = 0$ und F: $\vec{m}\ (\vec{x} - \vec{x_2}) = 0$ schließen einen Winkel der Größe β

mit $\cos\beta = \dfrac{|\vec{m}\ \vec{n}|}{|\vec{m}|\,|\vec{n}|}$ mit $0 \leqq \beta \leqq \dfrac{\pi}{2}$ ein.

Ist der Normalenvektor $\vec{n_0}$ normiert ($\vec{n_0} = \frac{1}{|\vec{n}|}\vec{n}$, $|\vec{n_0}| = 1$) und so orientiert, daß $\vec{n_0}$ gegebenenfalls vom Koordinatenursprung $O(\vec{0})$ zur Ebene E zeigt, so ergibt sich die Ebenengleichung
E: $\vec{n_0} \cdot (\vec{x} - \vec{x_1}) = 0$ in **HESSEscher Normalform.**

Ebenengleichung in HESSEscher Normalform in kartesischen Koordinaten
E: $Ax + By + Cz + D = 0$ mit $A^2 + B^2 + C^2 = 1,\ D \leq 0.$

Umformung der Ebenengleichung von E: $ax + by + cz + d = 0$ in HESSEsche Normalform

$$E\colon \frac{ax + by + cz + d}{\pm\sqrt{a^2 + b^2 + c^2}} = 0 \quad \text{mit} \quad \begin{cases} +\sqrt{} & \text{im Falle } d \leq 0, \\ -\sqrt{} & \text{im Falle } d > 0. \end{cases}$$

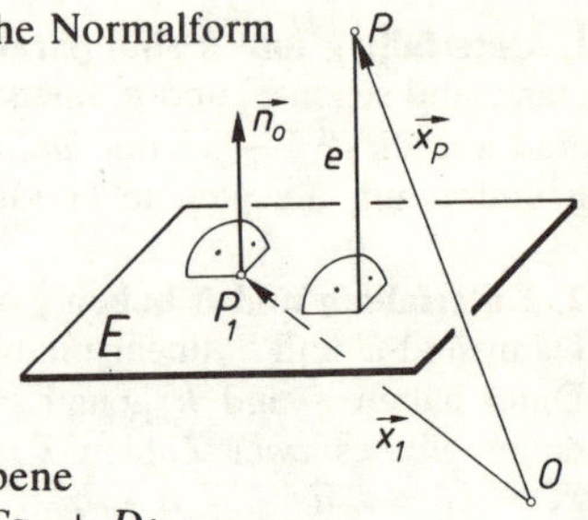

Der Punkt $P(\vec{x_p})$ hat von der in HESSEscher Normalform gegebenen Ebene
E: $\vec{n_0} \cdot (\vec{x} - \vec{x_1}) = 0$ den „orientierten" Abstand $e = \vec{n_0} \cdot (\vec{x_P} - \vec{x_1})$.

In kartesischen Koordinaten ergibt sich:
Der Punkt $P(x_P/y_P/z_P)$ hat von der in HESSEscher Normalform gegebenen Ebene
E: $Ax + By + Cz + D = 0$ den „orientierten" Abstand $e = Ax_P + By_p + Cz_P + D$;
dabei ist $e < 0$, falls P und der Ursprung $O(0/0/0)$ bezüglich E im gleichen Halbraum liegen,
und $e > 0$, falls P und der Ursprung $O(0/0/0)$ bezüglich E in verschiedenen Halbräumen liegen.

Kugel (Koordinatendarstellung in kartesischen Koordinaten)

Kugel K mit dem Mittelpunkt $M(\vec{0}) = M(0/0/0)$ und dem Radius r

		In kartesischen Koordinaten:
Kugelgleichung:	K: $\vec{x} \cdot \vec{x} = r^2$	K: $x^2 + y^2 + z^2 = r^2$
Tangentialebene T mit dem Berührpunkt $P(\vec{x_1})$:	T: $\vec{x_1} \cdot \vec{x} = r^2$	T: $x_1x + y_1y + z_1z = r^2$

Kugel und Ebene

E: $Ax + By + Cz + D = 0$ sei in HESSEscher Normalform gegeben.
Der Kugelmittelpunkt $M(0/0/0)$ hat von der Ebene E den Abstand $d = |D|$.
Ist $d = r$, so ist die Ebene E eine **Tangentialebene** der Kugel. Die Kugel und die Ebene haben dann genau einen gemeinsamen Punkt.

Kugel K mit dem Mittelpunkt $M(\vec{x_0}) = M(x_0/y_0/z_0)$ und dem Radius r

Kugelgleichung
K: $(\vec{x} - \vec{x_0}) \cdot (\vec{x} - \vec{x_0}) = r^2$ K: $(x - x_0)^2 + (y - y_0)^2 + (z - z_0)^2 = r^2$

Tangentialebene T mit dem Berührpunkt $P(\vec{x_1}) = P(x_1/y_1/z_1)$
T: $(\vec{x_1} - \vec{x_0}) \cdot (\vec{x} - \vec{x_0}) = r^2$ T: $(x_1 - x_0)(x - x_0) + (y_1 - y_0)(y - y_0) + (z_1 - z_0)(z - z_0) = r^2$

Da der „Radiusvektor" $\vec{x_0} - \vec{x_1}$ ein Normalenvektor der Tangentialebene ist, ergibt sich auch folgende Darstellung der Tangentialebene mit dem Berührpunkt $P(\vec{x_1})$: T: $(\vec{x_0} - \vec{x_1}) \cdot (\vec{x} - \vec{x_1}) = 0$.

4.3 Lineare Abbildungen

Definition

Eine Abbildung f eines Vektorraumes V in einen Vektorraum W heißt lineare Abbildung, wenn sie mit der Vektoraddition und der S-Multiplikation verträglich ist:
Für alle $\vec{x}, \vec{y}$ aus V ist $f(\vec{x} + \vec{y}) = f(\vec{x}) + f(\vec{y})$ (f ist additiv);
für alle $r \in \mathbb{R}$, $\vec{x} \in V$ ist $f(r\vec{x}) = rf(\vec{x})$ (f ist homogen).

Lineare Selbstabbildungen eines zweidimensionalen Vektorraumes

Ist $\{\vec{b_1}, \vec{b_2}\}$ eine Basis des zweidimensionalen Vektorraumes V und f eine lineare Abbildung von V in V (lineare Selbstabbildung von V), so gilt:

Der Urvektor $\vec{x} = \begin{pmatrix} x \\ y \end{pmatrix} = x\vec{b_1} + y\vec{b_2} = x\begin{pmatrix} 1 \\ 0 \end{pmatrix} + y\begin{pmatrix} 0 \\ 1 \end{pmatrix}$ hat den

Bildvektor $\bar{\vec{x}} = \begin{pmatrix} \bar{x} \\ \bar{y} \end{pmatrix} = xf(\vec{b_1}) + yf(\vec{b_2}) = x\begin{pmatrix} a_{11} \\ a_{21} \end{pmatrix} + y\begin{pmatrix} a_{12} \\ a_{22} \end{pmatrix} = \begin{pmatrix} a_{11}x + a_{12}y \\ a_{21}x + a_{22}y \end{pmatrix}.$

Abbildungsgleichungen von *f*: $V \rightarrow V$ mit $\vec{x} \mapsto \bar{\vec{x}}$: $\bar{x} = a_{11}x + a_{12}y$
$\bar{y} = a_{21}x + a_{22}y$

Reguläre Selbstabbildung

Die lineare Abbildung f: $V \rightarrow V$ ist dann und nur dann umkehrbar (regulär), wenn die Abbildungsdeterminante D nicht verschwindet:

$$D = \begin{vmatrix} a_{11} & a_{12} \\ a_{21} & a_{22} \end{vmatrix} = a_{11}a_{22} - a_{12}a_{21} \neq 0.$$

Umkehrabbildungen (inverse Abbildung) einer regulären Selbstabbildung

Ist $D = a_{11}a_{22} - a_{12}a_{21} \neq 0$, so existiert die lineare Umkehrabbildung

$$f^{-1}: V \rightarrow V \text{ mit } \bar{\vec{x}} = \begin{pmatrix} \bar{x} \\ \bar{y} \end{pmatrix} \mapsto \vec{x} = \begin{pmatrix} x \\ y \end{pmatrix} \text{ mit } \begin{aligned} x &= \frac{a_{22}}{D}\,\bar{x} - \frac{a_{12}}{D}\,\bar{y} \\ y &= -\frac{a_{21}}{D}\,\bar{x} + \frac{a_{11}}{D}\,\bar{y}. \end{aligned}$$

Matrizenschreibweise

$\bar{\vec{x}} = A\vec{x}$

mit der Abbildungsmatrix

$$A = \begin{pmatrix} a_{11} & a_{12} \\ a_{21} & a_{22} \end{pmatrix}$$

Abbildungsdeterminante

$D = |A| = a_{11}a_{22} - a_{12}a_{21}$

$\vec{x} = A^{-1}\bar{\vec{x}}$ -

$$A^{-1} = \begin{pmatrix} \frac{a_{22}}{D} & -\frac{a_{12}}{D} \\ -\frac{a_{21}}{D} & \frac{a_{11}}{D} \end{pmatrix}$$

ist die zu A inverse Matrix:

$|A||A^{-1}| = 1.$

4.4 Affine Abbildungen der Ebene auf sich

Definition und Eigenschaften der Affinitäten (regulären affinen Abbildungen)

Eine Abbildung α der Menge der Punkte der Ebene auf sich heißt eine Affinität (reguläre affine Abbildung), wenn sie folgende (nicht voneinander unabhängige) Eigenschaften besitzt:

Sie ist bijektiv, geradentreu, teilverhältnistreu und parallelentreu.

Existenz- und Eindeutigkeitssatz

Gibt man zu drei Punkten A, B, C welche nicht auf einer Geraden liegen, drei Bildpunkte A', B', C' so vor, daß A', B', C' nicht auf einer Geraden liegen, so gibt es stets genau eine Affinität, welche A auf A', B auf B' und C auf C' abbildet. (Alle Dreiecke sind affin verwandt.)

Koordinatendarstellung der Affinitäten

Ist α: $P(x/y) \mapsto P'(x'/y')$ eine Affinität, so gibt es Zahlen a_1, a_2, b_1, b_2, c_1, c_2 derart, daß gilt:

$$\begin{aligned} x' &= a_1x + b_1y + c_1 \\ y' &= a_2x + b_2y + c_2 \end{aligned} \quad \text{mit } a_1b_2 - a_2b_1 \neq 0.$$

Umgekehrt wird durch solche Abbildungsgleichungen im Falle

$$D = \begin{vmatrix} a_1 & b_1 \\ a_2 & b_2 \end{vmatrix} = a_1b_2 - a_2b_1 \neq 0 \quad \textbf{(Abbildungsdeterminante } D\textbf{)}$$

stets eine Affinität (reguläre affine Abbildung) beschrieben.

Matrizenschreibweise

$\vec{x'} = A\vec{x} + \vec{c}$

$$\vec{x'} = \begin{pmatrix} a_1 & b_1 \\ a_2 & b_2 \end{pmatrix}\vec{x} + \begin{pmatrix} c_1 \\ c_2 \end{pmatrix}$$

$D = |A| = a_1b_2 - a_2b_1 \neq 0$

Flächeninhalte

Hat eine Figur den Flächeninhalt A, so hat die Bildfigur den Flächeninhalt

$A' = |D| \cdot A = |a_1b_2 - a_2b_1| \cdot$ A.

α ist eine flächentreue Affinität, wenn $|D| = 1$ erfüllt ist

($D = +1$, dann gleichsinnig flächentreu, $D = -1$, dann gegensinnig flächentreu).

Affine Gruppe (Gruppe der regulären Affinitäten)

Verketten (Hintereinanderausführen)

Sind α: $P(x/y) \mapsto P'(x'/y')$ mit $x' = a_1x + b_1y + c_1$
$y' = a_2x + b_2y + c_2$

und β: $P'(x'/y') \mapsto P''(x''/y'')$ mit $x'' = d_1x' + e_1y' + f_1$
$y'' = d_2x' + e_2y' + f_2$

Affinität, so ist auch $\beta \circ \alpha$: $P(x/y) \mapsto P''(x''/y'')$ eine Affinität.

(Gelesen: „β nach α ausgeführt".)

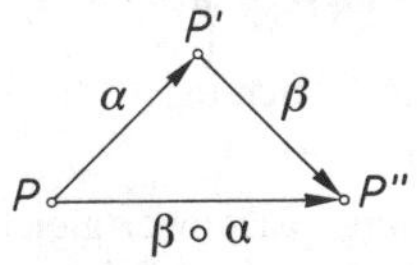

Matrizenschreibweise

$\vec{x'} = A\vec{x} + \vec{c}$

$\vec{x''} = B\vec{x'} + \vec{f}$

$\vec{x''} = BA\vec{x} + B\vec{c} + \vec{f}$

$|BA| = |B| \cdot |A|$

Umkehrabbildung (inverse Abbildung)

Zu jeder Affinität α: $P(x/y) \mapsto P'(x'/y')$ mit $x' = a_1x + b_1y + c_1$
$y' = a_2x + b_2y + c_2$
mit $D = a_1b_2 - a_2b_1 \neq 0$

gibt es die Umkehrabbildung (inverse Affinität)

$$\alpha^{-1}: P'(x'/y') \mapsto P(x/y) \quad \text{mit} \quad x = \frac{1}{D}\left(b_2x' - b_1y' - b_2c_1 + b_1c_2\right),$$
$$y = \frac{1}{D}\left(-a_2x' + a_1y' + a_2c_1 - a_1c_2\right).$$

Matrizenschreibweise

$\vec{x'} = A\vec{x} + \vec{c}$

mit $D = |A| = a_1b_2 - a_2b_1 \neq 0$

$\vec{x} = A^{-1}(\vec{x'} - \vec{c})$

$$\vec{x} = \begin{pmatrix} \frac{b_2}{D} & -\frac{b_1}{D} \\ -\frac{a_2}{D} & \frac{a_1}{D} \end{pmatrix} \begin{pmatrix} x' - c_1 \\ y' - c_2 \end{pmatrix}$$

Die Affinitäten bilden mit dem Verketten als Verknüpfung eine nicht-kommutative Gruppe.

α heißt **involutorisch,** wenn $\alpha \circ \alpha$ die mit „id" bezeichnete identische Abbildung der Ebene auf sich ist.

Induzierte Vektorabbildung

Jede affine Abbildung α: $P(x/y) \mapsto P'(x'/y')$ mit $x' = a_1x + b_1y + c_1$
$y' = a_2x + b_2y + c_2$

induziert eine
lineare Vektorabbildung $\overline{\alpha}$: $\begin{pmatrix} u \\ v \end{pmatrix} \mapsto \begin{pmatrix} \overline{u} \\ \overline{v} \end{pmatrix}$ mit $\overline{u} = a_1u + b_1v$, $\overline{v} = a_2u + b_2v$

Abbildung der Geraden

g: $\vec{x} = \vec{x_P} + \mu\vec{g}$ mit $\mu \in \mathbb{R}$ hat die Bildgerade g': $\vec{x} = \overrightarrow{x_{\alpha(P)}} + \mu\,\overline{\alpha}(\vec{g})$ mit $\mu \in \mathbb{R}$.

Fixpunkte, Fixpunktgeraden (Achsen), Fixgeraden

Fixpunkt, Fixpunktgerade (Achse), Fixgerade

Ein Punkt $F(x/y)$, der mit seinem Bildpunkt $F'(x'/y')$ zusammenfällt ($F' = F$, also $x' = x$ und $y' = y$) heißt Fixpunkt.

Eine Gerade heißt Fixpunktgerade (Achse), wenn alle ihre Punkte Fixpunkte sind.

Eine Gerade f heißt Fixgerade, wenn jeder Punkt von f auf einen Punkt von f abgebildet wird.

Der Schnittpunkt zweier Fixgeraden ist ein Fixpunkt.

Die Verbindungsgerade zweier Fixpunkte ist sogar eine Fixpunktgerade.

Eigenvektoren, Fixrichtungen, Fixgeraden

Ein Vektor $\vec{x} \neq \vec{0}$ heißt Eigenvektor der linearen Abbildung $\overline{\alpha}$: $V \to V$, wenn es eine Zahl λ gibt mit $\overline{\alpha}(\vec{x}) = \lambda\,\vec{x}$. $\overline{\alpha}$ ist die von der affinen Abbildung α induzierte lineare Abbildung.

λ heißt dann **Eigenwert** zum Eigenvektor $\vec{x}$.

Ist $\vec{g}$ ein Eigenvektor, so wird jede Gerade mit dem Richtungsvektor $\vec{g}$ auf eine zu $\vec{g}$ parallele Gerade abgebildet; $\vec{g}$ bestimmt eine Fixrichtung. Eine Gerade kann höchstens dann Fixgerade sein, wenn ihre Richtungsvektoren Eigenvektoren sind. Eine Fixgerade muß keinen Fixpunkt besitzen.

Ist der Punkt $F(\vec{x_F})$ ein Fixpunkt und $\vec{g}$ ein Eigenvektor, so ist f: $\vec{x} = \vec{x_F} + \mu\,\vec{g}$ eine Fixgerade.

Ist $F(\vec{x_F})$ Fixpunkt und $\vec{g}$ ein Eigenvektor zum Eigenwert 1, so ist f: $\vec{x} = \vec{x_F} + \mu\,\vec{g}$ sogar eine Fixpunktgerade.

Ansatz zur Ermittlung der Eigenvektoren und der Eigenwerte der induzierten Vektorabbildung

Das homogene Gleichungssystem
$$\left.\begin{aligned} (a_1 - \lambda)u + \quad\;\; b_1v &= 0 \\ a_2u + (b_2 - \lambda)v &= 0 \end{aligned}\right\}(*)$$

hat genau dann nicht-triviale Lösungselemente, wenn das charakteristische Polynom

$$\begin{vmatrix} a_1 - \lambda & b_1 \\ a_2 & b_2 - \lambda \end{vmatrix} = \lambda^2 - (a_1 + b_2)\lambda + a_1b_2 - a_2b_1$$

verschwindet. Die quadratische Gleichung

$$\lambda^2 - (a_1 + b_2)\lambda + a_1b_2 - a_2b_1 = 0$$

heißt **charakteristische Gleichung** (Eigenwertgleichung) von $\overline{\alpha}$. Die Lösungselemente der Eigenwertgleichung sind die Eigenwerte λ_j. Setzt man einen Eigenwert λ_i in das Gleichungssystem (*) ein, so erhält man als nicht-triviale Lösungselemente des Gleichungssystems die zum Eigenwert λ_i gehörenden Eigenvektoren.

Klassifikation der Affinitäten nach ihren Fixpunkten und Eigenvektoren

Liegt nicht die identische Abbildung mit $\begin{matrix} x' = x \\ y' = y \end{matrix}$ vor, die jeden Punkt auf sich selbst abbildet, so sind nur die folgenden Fälle möglich:

I. Nichtidentische Achsenaffinitäten (perspektive Affinitäten)

Alle Punkte einer Fixpunktgeraden (Achse) sind Fixpunkte und weitere Fixpunkte existieren nicht. Neben der Fixpunktgeraden gibt es stets noch eine Schar paralleler Fixgeraden. Die induzierte Vektorabbildung hat die Eigenwerte $\lambda_1 = 1$ und λ_2 und die Determinante $D = \lambda_2$.

Ist a: $Ax + By + C = 0$ die Achse, so gibt es passende Zahlen u und v so, daß $\begin{matrix} x' = x + u(Ax + By + C) \\ y' = y + v(Ax + By + C) \end{matrix}$ die Abbildungsgleichungen sind. Die Fixgeradenschar hat die Steigung $m = \frac{v}{u}$, Determinante $D = Au + Bv + 1$.

1. Unterfall: Schiefe Achsenaffinität ($\lambda_2 \neq 1$)

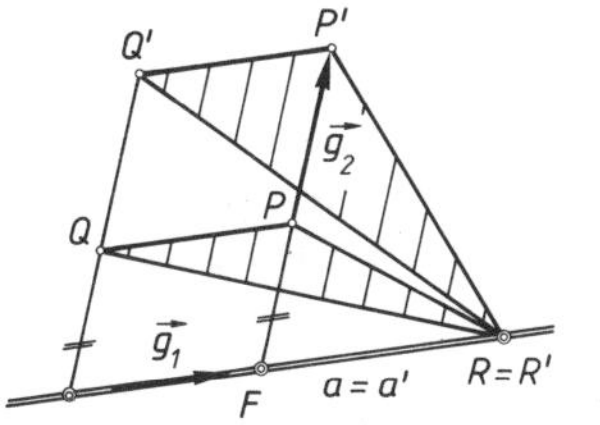

Die von der Achse verschiedenen Fixgeraden (Affinitätsstrahlen) schneiden diese. Liegt P nicht auf der Achse, so ist $\overrightarrow{PP'}$ ein Eigenvektor zu λ_2; (PP') schneidet die Achse in einem Fixpunkt F und es gilt $\overrightarrow{FP'} = \lambda_2 \overrightarrow{FP}$ (λ_2 heißt Affinitätsverhältnis).

Normalform: $\begin{matrix} x' = x \\ y' = \lambda_2 y \end{matrix}$ (Ein Fixpunkt ist Koordinatenursprung; ein Eigenvektor $\vec{g_1}$ zu $\lambda_1 = 1$ und ein Eigenvektor $\vec{g_2}$ zu λ_2 sind linear unabhängige Basisvektoren.)

Sonderfälle:
Orthogonale Achsenaffinität: Die Fixgeradenschar ist senkrecht zur Achse; $\vec{g_1}$ und $\vec{g_2}$ sind orthogonal.
Schrägspiegelung: $\lambda_2 = -1$; F ist stets Mittelpunkt von PP', diese Abbildung ist involutorisch und gegensinnig flächentreu ($D = -1$).

2. Unterfall: Scherung (axiale Scherung) ($\lambda_1 = \lambda_2 = 1$)

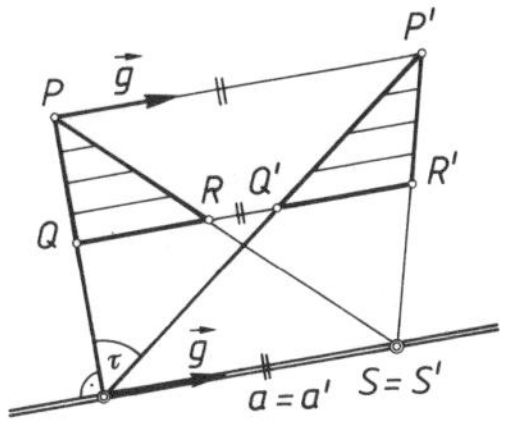

Alle Fixgeraden sind zur Achse parallel. Es gibt nur einen eindimensionalen Eigenvektorraum. Scherungen sind gleichsinnig flächentreu ($D = +1$).
Die Senkrechten zur Achse haben parallele Bildgeraden; der Winkel zwischen den Senkrechten zur Achse und ihren Bildgeraden heißt Scherwinkel τ.

Normalform: $\begin{matrix} x' = x + by \\ y' = y \end{matrix}$ (Der Koordinatensprung ist ein Fixpunkt; ein Basisvektor ist Eigenvektor, der zweite Basisvektor kann so gewählt werden, daß $b = 1$ erreicht wird.)

II. Es gibt genau einen Fixpunkt *F*.

Die induzierte Vektorabbildung hat dann niemals 1 als Eigenwert.

1. Unterfall: EULERsche Affinität

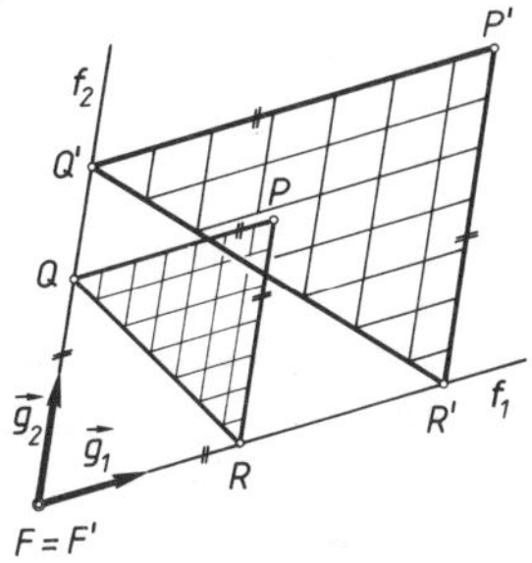

Es gibt zwei Eigenwerte $\lambda_1 \neq \lambda_2$; $D = \lambda_1 \cdot \lambda_2$. Dazu gibt es linear unabhängige Eigenvektoren $\vec{g_1}$ und $\vec{g_2}$; es gibt zwei Fixrichtungen; es gibt nur zwei Fixgeraden f_1: $\vec{x} = \vec{x_F} + \mu \vec{g_1}$ mit $\mu \in \mathbb{R}$ und f_2: $\vec{x} = \vec{x_F} + \nu \vec{g_2}$ mit $\nu \in \mathbb{R}$.

Normalform: $\begin{matrix} x' = \lambda_1 x \\ y' = \lambda_2 y \end{matrix}$ (Der Fixpunkt ist Koordinatenursprung, Eigenvektoren $\vec{g_1}$ zu λ_1 und $\vec{g_2}$ zu λ_2 sind Basisvektoren.)

Jede EULERsche Affinität kann durch Verketten von zwei Achsenaffinitäten realisiert werden.

2. Unterfall: Zentrische Streckung

Es gibt genau einen Eigenwert λ und jeder Vektor ist Eigenvektor; jede Richtung ist Fixrichtung. Die Geraden durch den Fixpunkt F sind Fixgeraden. Weitere Fixgeraden gibt es nicht. λ heißt Streckungsfaktor; $D = \lambda^2$.

Sonderfall: Punktspiegelung am Fixpunkt F falls $\lambda = -1$.

3. Unterfall: Scherstreckung

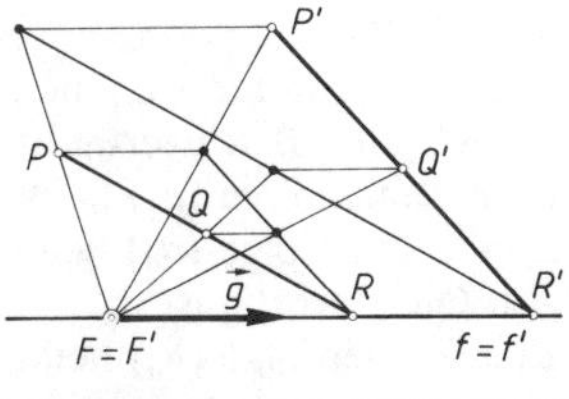

Es gibt genau einen Eigenwert $\lambda \neq 1$ ($\lambda = 1$, dann Scherung mit einer Achse) und einen eindimensionalen Eigenvektorraum.
Es gibt eine einzige Fixgerade f: $\vec{x} = \vec{x_F} + \mu \vec{g}$, wobei $\vec{g}$ ein Eigenvektor ist. Die Abbildung kann durch Verketten einer Scherung und einer zentrischen Streckung mit dem Zentrum auf der Scherachse realisiert werden.

4. Unterfall: Affine Drehstreckung

Es gibt keinen (reellen) Eigenwert, keinen Eigenvektor, keine Fixgerade.
Im kartesischen Koordinatensystem kann diese Abbildung durch Verketten einer Drehung um F mit einer zentrischen Streckung mit dem Zentrum F realisiert werden.

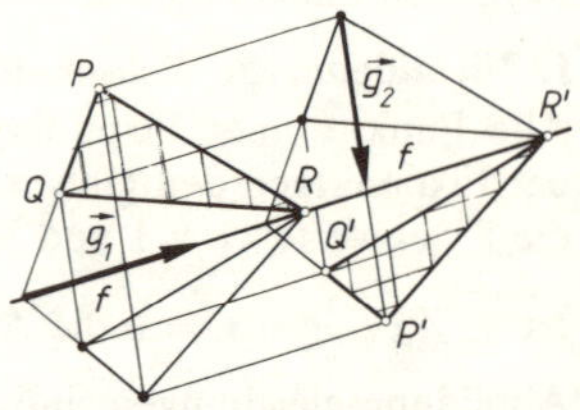

III. Es gibt keinen Fixpunkt.

Die indizierte Vektorabbildung hat mindestens den Eigenwert $\lambda_1 = 1$.

1. Unterfall: „Schubschrägaffinität" ($\lambda_1 = 1, \lambda_2 \neq 1$)

Es gibt zwei eindimensionale Eigenvektorräume und daher zwei Fixrichtungen.
Die einzige Fixgerade hat die Eigenvektoren zu $\lambda_1 = 1$ als Richtungsvektoren.
Eine solche Abbildung kann durch Verketten einer schiefen Achsenaffinität mit einer Parallelverschiebung in Achsenrichtung realisiert werden. Die Affinitätsachse wird dabei zur einzigen Fixgeraden.

2. Unterfall: Parallelverschiebung (Translation)

$\lambda_1 = \lambda_2 = 1$ und jeder Vektor ist Eigenvektor, jede Richtung ist Fixrichtung.
Nur die Geraden in Translationsrichtung sind Fixgeraden.

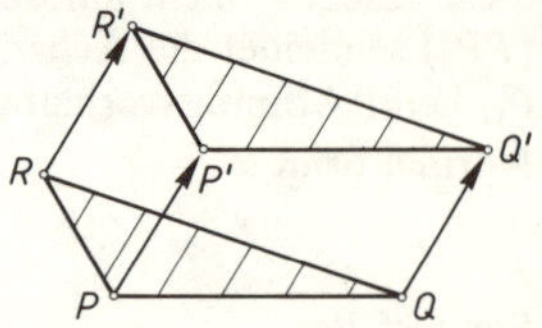

Abbildungsgleichungen: $x' = x + c_1$, $y' = y + c_2$ (Man kann das Koordinatensystem so wählen, daß $c_1 = 1$, $c_2 = 0$ erreicht wird.)

3. Unterfall: „Schubscherung"

$\lambda_1 = \lambda_2 = 1$ und es gibt nur einen eindimensionalen Eigenvektorraum. Es gibt keine Fixgerade.

Eine solche Abbildung kann durch Verketten einer Scherung mit einer Parallelverschiebung realisiert werden. Dabei sind die Richtungen der Scherachse und der Parallelverschiebung verschieden.

Singuläre affine Abbildungen

α: $P(x/y) \mapsto P'(x'/y')$ mit $x' = a_1x + b_1y + c_1$, $y' = a_2x + b_2y + c_2$ heißt dann und nur dann singulär, wenn

$$D = \begin{vmatrix} a_1 & b_1 \\ a_2 & b_2 \end{vmatrix} = a_1b_2 - a_2b_1 = 0 \text{ erfüllt ist.}$$

Durch eine singuläre affine Abbildung werden die Punkte der Ebene auf die Punkte einer einzigen Geraden g abgebildet $\big((a_1,a_2,b_1,b_2) \neq (0,0,0,0)$ vorausgesetzt$\big)$. Dabei gibt es eine Schar paralleler Geraden derart, daß alle Punkte einer jeden dieser Parallelen jeweils den gleichen Blickpunkt auf g haben.

5. Analysis

5.1 Zahlenfolgen

Abbildungen von $\mathbb{N}^*$ in $\mathbb{R}$ heißen (reelle) Zahlenfolgen (Folgen). Das Bild von n kann mit a_n bezeichnet werden und heißt das n-te Glied der Zahlenfolge (a_n).

Schranken

Eine Zahlenfolge (a_n) heißt beschränkt, wenn es mindestens eine Zahl $k > 0$ (Schranke) so gibt, daß $|a_n| \leq k$ (also $-k \leq a_n \leq k$) für alle $n \in \mathbb{N}^*$ gilt.

Eine Zahlenfolge (a_n) heißt nach oben beschränkt, wenn es mindestens eine Zahl k_1 (obere Schranke) mit $a_n \leq k_1$ für alle $n \in \mathbb{N}^*$ gibt. Die kleinste obere Schranke heißt die obere Grenze (Supremum, sup).

Monotonie

Eine Zahlenfolge (a_n) heißt monoton zunehmend (wachsend, nicht abnehmend), wenn $a_n \leq a_{n+1}$ für alle $n \in \mathbb{N}^*$ gilt. Gleichwertig ist $a_{n+1} - a_n \geq 0$ für alle $n \in \mathbb{N}^*$.
Eine Zahlenfolge (a_n) heißt streng monoton zunehmend, wenn sogar $a_n < a_{n+1}$ für alle $n \in \mathbb{N}^*$ erfüllt ist.
Eine Zahlenfolge (a_n) heißt monoton abnehmend (fallend, nicht zunehmend), wenn $a_n \geq a_{n+1}$ für alle $n \in \mathbb{N}^*$ gilt. Gleichwertig ist $a_{n+1} - a_n \leq 0$ für alle $n \in \mathbb{N}^*$.
Eine Zahlenfolge (a_n) heißt streng monoton abnehmend, wenn sogar $a_n > a_{n+1}$ für alle $n \in \mathbb{N}^*$ erfüllt ist.

Grenzwert

Eine Zahlenfolge (a_n) heißt **konvergent** zum Grenzwert a, wenn gilt:
Zu jeder beliebig, aber fest vorgegebenen Zahl $\varepsilon > 0$ gibt es (dazu passend) stets mindestens eine Zahl $n_0 \in \mathbb{N}^*$ so, daß für alle $n \geq n_0$ gilt: $|a - a_n| < \varepsilon$.

Man schreibt: $\lim\limits_{n\to\infty} a_n = a$ (gelesen: „Limes von a_n für n gegen unendlich ist a")

oder auch: $a_n \to a$ für $n \to \infty$ (gelesen: „a_n strebt gegen a für n gegen unendlich").

Eine Zahlenfolge hat höchstens einen Grenzwert. Jede konvergente Folge ist beschränkt (die Umkehrung gilt nicht). Jede monotone und beschränkte Folge ist konvergent.

Eine Zahlenfolge (a_n) strebt gegen $+\infty$ (gegen $-\infty$), wenn es zu jeder beliebig, aber fest vorgegebenen Zahl k stets mindestens ein n_0 derart gibt, daß $k \leq a_n$ (daß $k \geq a_n$) für alle $n \geq n_0$ erfüllt ist. Man schreibt: $a_n \to +\infty\,(a_n \to -\infty)$ für $n \to \infty$.

Jede nicht konvergente Zahlenfolge heißt **divergent.** Strebt eine Zahlenfolge gegen $+\infty$ oder gegen $-\infty$, so nennt man sie bestimmt divergent.

Grenzwertsätze

Sind (a_n) und (b_n) konvergente Folgen mit $\lim\limits_{n\to\infty} a_n = a$ und $\lim\limits_{n\to\infty} b_n = b$, so gelten

$\lim\limits_{n\to\infty}(a_n \pm b_n) = a \pm b$, $\lim\limits_{n\to\infty}(a_n b_n) = ab$ und $\lim\limits_{n\to\infty} \dfrac{a_n}{b_n} = \dfrac{a}{b}$, falls $b_n \neq 0$ für $n \in \mathbb{N}^*$ und $b \neq 0$.

Grenzwerte spezieller Zahlenfolgen

$\lim\limits_{n\to\infty}\left(1 + \dfrac{1}{n}\right)^n = \mathrm{e} = 2{,}7182818\ldots$ (**Eulersche Zahl**); $\lim\limits_{n\to\infty}\left(1 - \dfrac{1}{n}\right)^n = \dfrac{1}{\mathrm{e}}$; $\lim\limits_{n\to\infty}\left(1 + \dfrac{x}{n}\right)^n = \mathrm{e}^x$

$\lim\limits_{n\to\infty} a^n = 0$ für $|a| < 1$; $\lim\limits_{n\to\infty} \sqrt[n]{a} = 1$ für $a > 0$; $\lim\limits_{n\to\infty} \sqrt[n]{n} = 1$; $\lim\limits_{n\to\infty} \dfrac{a^n}{n!} = 0$; $\lim\limits_{n\to\infty} \dfrac{\ln n}{n} = 0$

Intervallschachtelungen

Ist (a_n) eine monoton steigende, (b_n) eine monoton fallende Zahlenfolge, gilt $a_n \leq b_n$ für alle $n \in \mathbb{N}^*$ und $\lim\limits_{n\to\infty}(b_n - a_n) = 0$, so nennt man die Folge von Intervallen $[a_1, b_1], [a_2, b_2], \ldots, [a_n, b_n], \ldots$ eine Intervallschachtelung. Sind alle a_i und alle b_i rationale Zahlen, so hat man eine rationale Intervallschachtelung.

Intervallschachtelungsaxiom

Zu jeder Intervallschachtelung gibt es genau eine „innerste reelle Zahl" r mit $a_n \leq r \leq b_n$ für alle $n \in \mathbb{N}^*$.

5.2 Spezielle Funktionen

Eine Abbildung $f\colon D \to Z$ mit $x \to f(x)$ (gelesen: „x wird abgebildet in f von x") mit $D \subseteq \mathbb{R}$ und $Z \subseteq \mathbb{R}$ heißt eine (reelle) Funktion. Man nennt f die Abbildungsvorschrift, $f(x)$ den Funktionswert, D die Definitionsmenge (den Definitionsbereich), Z die Zielmenge und $W = \{f(x) \mid x \in D\}$ die Menge der Werte von f.

Funktionsklassen (gemäß ihrem Funktionsterm)

Ganzrationale Funktion f vom Grad n: $x \mapsto f(x) = a_n x^n + a_{n-1}x^{n-1} + \ldots + a_1 x + a_0$ mit $a_i \in \mathbb{R}$, $a_n \neq 0$.

Der Funktionsterm $a_n x^n + \ldots + a_1 x + a_0$ heißt **Polynom *n*-ten Grades,** der Graph k: $y = f(x)$ **Parabel** ***n*-ter** Ordnung.

Gebrochenrationale Funktion $f\colon x \mapsto f(x) = \dfrac{a_n x^n + a_{n-1}x^{n-1} + \ldots + a_1 x + a_0}{b_m x^m + b_{m-1}x^{m-1} + \ldots + b_1 x + b_0}$ mit $a_i \in \mathbb{R}$, $b_j \in \mathbb{R}$.

Eine algebraische Kurve wird durch eine algebraische Gleichung
$P_n(x)y^n + P_{n-1}(x)y^{n-1} + \ldots + P_1(x)y + P_0(x) = 0$ mit Polynomen $P_i(x)$ gegeben. Dabei muß das Polynom $P_i(x)$ nicht vom Grad i sein.

Eine **transzendente** Funktion $f\colon x \mapsto f(x) = y$ kann nicht durch eine algebraische Gleichung gegeben werden.

Absolutbetrag, Signum, GAUSSklammer

Betrag von a ($|a|$)
$|a| = a$ für $a \geq 0$
$|a| = 0$ für $a = 0$
$|a| = -a$ für $a \leq 0$

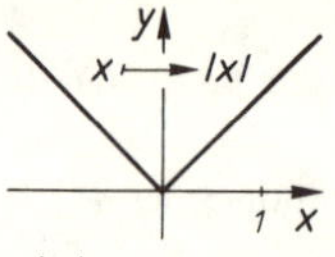

$|a| = a \cdot \operatorname{sgn} a$

Signum von a (sgn a)
$\operatorname{sgn} a = 1$ für $a > 0$
$\operatorname{sgn} a = 0$ für $a = 0$
$\operatorname{sgn} a = -1$ für $a < 0$

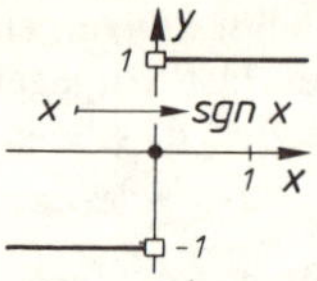

Gesetze für Beträge ($a, b \in \mathbb{R}$)
$|a \cdot b| = |a| \cdot |b|$
Dreiecksungleichung
$|a + b| \leq |a| + |b|$
$||a| - |b|| \leq |a + b|$

GAUSSklammer $[a]$: Ist a reell, so bezeichnet $[a]$ die größte ganze Zahl, die nicht größer als a ist:
$[a] := z$ mit $z \in \mathbb{Z}$ und $a-1 < z \leq a$.

5.3 Grenzwerte bei Funktionen

Intervalle

Offenes Intervall: $]a,b[\;:=\; \{x|\; a < x < b \text{ und } x \in \mathbb{R}\}$;
abgeschlossenes Intervall: $[a,b] \;:=\; \{x|\; a \leq x \leq b \text{ und } x \in \mathbb{R}\}$;
halboffene Intervalle: $]a,b] \;:=\; \{x|\; a < x \leq b \text{ und } x \in \mathbb{R}\}$, $[a,b[\;:=\; \{x|\; a \leq x < b \text{ und } x \in \mathbb{R}\}$.
ε-Umgebung einer Stelle $x = a$ für $\varepsilon > 0$ (Offene ε-Umgebung der Stelle $x = a$).
$U_\varepsilon(a) := \{x|\; |x - a| < \varepsilon \text{ und } x \in \mathbb{R}\} = \{x|\; a - \varepsilon < x < a + \varepsilon \text{ und } x \in \mathbb{R}\}$.

Grenzwert für x gegen a, Grenzwert für x gegen $\pm\infty$

Die Funktion f sei in einer Umgebung der Stelle $x = a$ definiert, muß aber an der Stelle a selbst nicht definiert sein.

1. Fassung der Grenzwertdefinition

Es heißt g der Grenzwert von f für x gegen a, wenn es zu jeder beliebig, aber fest vorgegebenen Zahl $\varepsilon > 0$ stets mindestens eine (dazu passende) Zahl $\delta > 0$ so gibt, daß für alle x mit $|x - a| < \delta$ und $x \neq a$ stets $|f(x) - g| < \varepsilon$ gilt.
Schreibweisen: $\lim\limits_{x \to a} f(x) = g$ bzw. $f(x) \to g$ für $x \to a$.

2. Fassung der Grenzwertdefinition

Es heißt g der Grenzwert von f für x gegen a, wenn für jede Urbildfolge (x_n) mit $x_n \neq a$ für alle n, welche gegen a konvergiert, die Folge $(f(x_n))$ der zugehörigen Funktionswerte gegen g konvergiert.

Grenzwert für x gegen $+\infty$ (Grenzwert für x gegen $-\infty$)

Es heißt g der Grenzwert von f für x gegen plus unendlich (gegen minus unendlich), wenn es zu jedem beliebig, aber fest vorgegebenen $\varepsilon > 0$ stets mindestens eine dazu passende Stelle x_1 (Stelle x_2) gibt mit $|f(x) - g| < \varepsilon$ für alle x mit $x > x_1$ (mit $x < x_2$).

Halbseitige Grenzwerte

Es heißt g linksseitiger (rechtsseitiger) Grenzwert von f für x gegen a [von unten (von oben) her], wenn es zu jedem fest vorgegebenen $\varepsilon > 0$ stets mindestens ein $\delta > 0$ so gibt, daß für alle x mit $a - \delta < x < a$ ($a < x < a + \delta$) stets $|f(x) - g| < \varepsilon$ erfüllt ist.
Schreibweisen: linksseitiger Grenzwert: $\lim\limits_{x \to a-0} f(x) = g$ bzw. $f(x) \to g$ für $x \to a - 0$,
rechtsseitiger Grenzwert: $\lim\limits_{x \to a+0} f(x) = g$ bzw. $f(x) \to g$ für $x \to a + 0$.

Rechnen mit Grenzwerten: Existieren $\lim\limits_{x \to a} f(x) = u$ und $\lim\limits_{x \to a} g(x) = v$, so gilt:

$$\lim_{x \to a} [f(x) \pm g(x)] = u \pm v; \quad \lim_{x \to a} [f(x) \cdot g(x)] = u \cdot v; \quad \lim_{x \to a} \frac{f(x)}{g(x)} = \frac{u}{v}, \text{ wenn } v \neq 0.$$

Substitution: Ist $f(x)$ für $x > 0$ definiert und existiert $\lim\limits_{x \to \infty} f(x)$, so ist $\lim\limits_{x \to \infty} f(x) = \lim\limits_{x \to 0+0} f\left(\frac{1}{x}\right)$.

Verkettung: Ist $\lim\limits_{x \to x_0} f(x) = u_0$ und g an der Stelle u_0 stetig, so ist $\lim\limits_{x \to x_0} g[f(x)] = g(u_0)$.

Regel von De L'Hospital: Es seien f und g differenzierbar, $g'(x) \neq 0$ und $\lim_{x \to a} f(x) = \lim_{x \to a} g(x) = 0$:

Existiert dann $\lim_{x \to a} \frac{f'(x)}{g'(x)}$, so gilt $\lim_{x \to a} \frac{f(x)}{g(x)} = \lim_{x \to a} \frac{f'(x)}{g'(x)}$.

Einige Grenzwerte

$\lim_{x \to 0} \frac{\sin x}{x} = 1$; $\lim_{x \to 0} \frac{\sin n x}{mx} = \frac{n}{m}$; $\lim_{x \to \infty} \frac{x^n}{e^x} = 0$; $\lim_{x \to \infty} \frac{\ln x}{x^a} = 0$ für $a > 0$

Stetige Funktionen

Es heißt $f: D \to \mathbb{R}$ an der Stelle $a \in D$ **(lokal) stetig,** wenn $\lim_{x \to a} f(x)$ existiert und $\lim_{x \to a} f(x) = f(a)$ erfüllt ist.

Es heißt $f: D \to R$ **(global) stetig,** wenn f an jeder Stelle $a \in D$ stetig ist.

Rechnen mit stetigen Funktionen

Sind f und g an der Stelle a stetig, so sind auch $f+g$, $f-g$, $f \cdot g$ und $f:g$ (falls $g(a) \neq 0$) an der Stelle a stetig.

Verkettung von stetigen Funktionen

Ist g an der Stelle $x = a$ und f an der Stelle $u = g(a)$ stetig, so ist auch $f \circ g : x \mapsto f[g(x)]$ an der Stelle $x = a$ stetig.

Stetigkeit – Differenzierbarkeit

Jede differenzierbare Funktion ist stetig. Nicht jede stetige Funktion ist differenzierbar.

Satz von der Beschränktheit

Ist f im abgeschlossenen Intervall $[a,b]$ stetig, so ist f dort beschränkt (muß für offene Intervalle nicht gelten).

Satz vom Maximum und Minimum

Ist f im abgeschlossenen Intervall $[a,b]$ stetig, so existieren $x_m, x_M \in [a,b]$ mit $f(x_m) \leq f(x) \leq f(x_M)$ für alle $x \in [a,b]$.

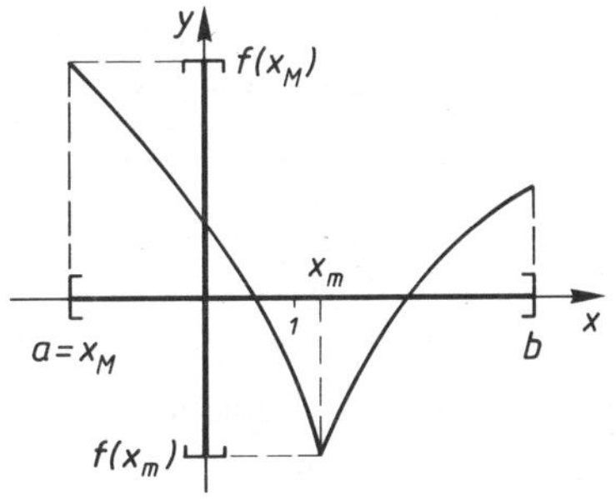

Zwischenwertsatz

Ist f im abgeschlossenen Intervall $[a,b]$ stetig, so nimmt $f(x)$ jeden Wert zwischen $f(a)$ und $f(b)$ in $[a,b]$ mindestens einmal an.

Nullstellensatz

Ist f im abgeschlossenen Intervall $[a,b]$ stetig und haben $f(a)$ und $f(b)$ verschiedene Vorzeichen, so gibt es mindestens eine Stelle x_0 mit $a < x_0 < b$ und $f(x_0) = 0$.

5.4 Differentialrechnung

Differenzierbarkeit und Begriff der Ableitung

Es sei f in einer Umgebung der Stelle x_0 definiert. Es heißt f an der Stelle x_0 **differenzierbar** (ableitbar), wenn der Grenzwert $\lim_{x \to x_0} \frac{f(x) - f(x_0)}{x - x_0} := f'(x_0)$ existiert. Dann heißt $f'(x_0)$ der Wert der ersten Ableitung von f an der Stelle x_0.

Ansätze zur Berechnung von $f'(x_0)$:

$$\lim_{x \to x_0} \frac{f(x) - f(x_0)}{x - x_0} = \lim_{h \to 0} \frac{f(x_0 + h) - f(x_0)}{h} = \lim_{\Delta x \to 0} \frac{f(x_0 + \Delta x) - f(x_0)}{\Delta x} = f'(x_0).$$

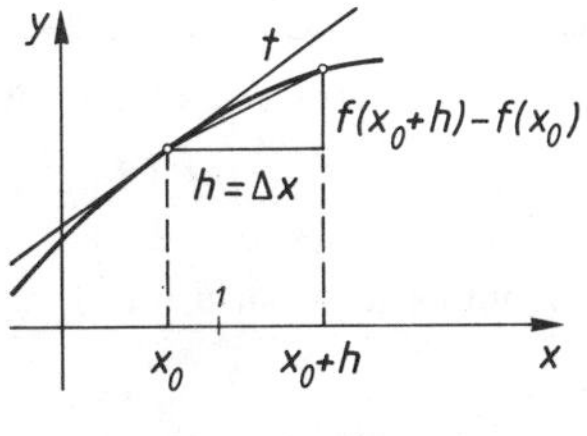

Es heißt $f: D \to \mathbb{R}$ (global) differenzierbar, wenn f an jeder Stelle $x_0 \in D$ differenzierbar ist. Die Funktion $f' : x \mapsto f'(x)$ heißt 1. Ableitung (1. Ableitungsfunktion) von f.

Höhere Ableitungen

Zweite Ableitung: $f'' := (f')'$; dritte Ableitung: $f''' := (f'')'$; n-te Ableitung: $f^{(n)} := (f^{(n-1)})'$.

Zerlegungsformel: Es ist f dann und nur dann an der Stelle x_0 differenzierbar, wenn sich die Differenz $\Delta y = f(x_0 + h) - f(x_0)$ wie folgt schreiben läßt:
$\Delta y = f(x_0 + \mathrm{h}) - f(x_0) = f'(x_0)h + r(h)h$ mit $r(h) \to 0$ für $h \to 0$.

Näherungsformel: $f(x_0 + h) - f(x_0) \approx f'(x_0)\mathrm{h}$ für kleine $|h|$.

Differential: Ist f an der Stelle x_0 differenzierbar, so nennt man $dy = df(x_0; h) := f'(x_0)h$ das zur Stelle x_0 und zum Argumentzuwachs (Inkrement) h gehörende Differential von f.

Ableitung als Differentialquotient: $\dfrac{dy}{dx} = \dfrac{df}{dx} = \dfrac{df(x_0; h)}{h} = f'(x_0)$.

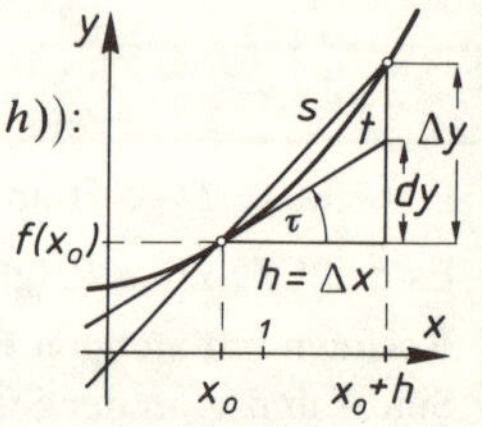

Differenzenquotient (Steigung der Sekante durch $P(x_0/f(x_0))$ und $Q(x_0 + h/f(x_0 + h))$):

$$\tan\sigma = \frac{\Delta y}{\Delta x} = \frac{f(x_0 + h) - f(x_0)}{h}.$$

Differentialquotient (Steigung der Tangente in $P(x_0/f(x_0))$):

$$\tan\tau = \frac{dy}{dx} = \lim_{h\to 0}\frac{f(x_0 + h) - f(x_0)}{h} = f'(x_0).$$

Ableitungsregeln (Differentiationsregeln)

Es seien $u : x \mapsto u(x)$ und $v : x \mapsto v(x)$ auf einer gemeinsamen Definitionsmenge differenzierbar.

Summenregel: $(u \pm v)' = u' \pm v'$; **Faktorregel:** $(c \cdot f)' = c \cdot f'$ für $c = \text{const.}$

Produktregel: $(u \cdot v)' = u' \cdot v + u \cdot v'$ **Quotientenregel:** $\left(\dfrac{u}{v}\right)' = \dfrac{u' \cdot v - u \cdot v'}{v^2}$

Kettenregel: $g\colon x \mapsto g(x) = u$; $f\colon u \mapsto f(u) = y$; $f \circ g\colon x \mapsto (f \circ g)(x) = f[g(x)] = y$,
dann ist $(f \circ g)'(x) = f'[g(x)] \cdot g'(x) = f'(u) \cdot g'(x)$.

Schreibweise mit Differentialquotienten: $\dfrac{dy}{dx} = \dfrac{dy}{du} \cdot \dfrac{du}{dx}$

Globale Sätze der Differentialrechnung

Mittelwertsatz der Differentialrechnung

Ist f in $]a,b[$ differenzierbar und an den Stellen a und b stetig,

so gibt es mindestens eine Stelle z mit $a < z < b$ und $f'(z) = \dfrac{f(b) - f(a)}{b - a}$.

Mit diesem z ist $f(b) = f(a) + f'(z) \cdot (b - a)$.

(Im Sonderfall $f(a) = f(b)$ ergibt sich der **Satz von Rolle**).

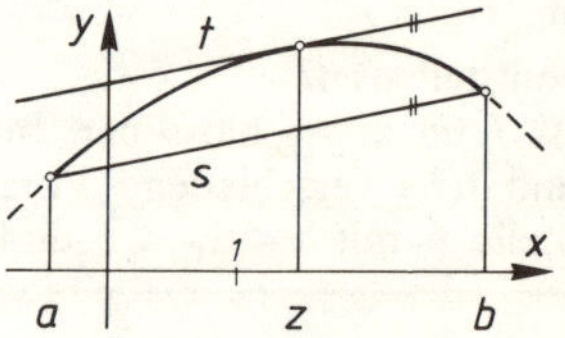

(Globaler) Monotoniesatz

Ist f in $]a,b[$ differenzierbar und an den Stellen a und b stetig und ist $f'(x) > 0$ ($f'(x) < 0$) für alle $x \in]a,b[$ erfüllt, so ist f auf $[a,b]$ streng monoton wachsend (fallend).

Schrankensatz

Ist f in $]a,b[$ differenzierbar und an den Stellen a und b stetig und existieren m und M mit $m < f'(x) < M$ für alle $x \in]a,b[$, so gilt für alle $x_1, x_2 \in [a,b]$ mit $x_1 < x_2$ stets $m \cdot (x_2 - x_1) < f(x_2) - f(x_1) < M \cdot (x_2 - x_1)$.

Potenzreihenentwicklung

Satz von Taylor: Es sei f mindestens $(n + 1)$-mal differenzierbar. Setzt man

$$f(a + h) = f(a) + \frac{f'(a)}{1!}h + \frac{f''(a)}{2!}h^2 + \frac{f'''(a)}{3!}h^3 + \ldots + \frac{f^{(n)}(a)}{n!}h^n + r_n,$$

so gibt es stets ein ϑ mit $0 < \vartheta < 1$ so, daß das Restglied r_n als $r_n = \dfrac{h^{n+1}}{(n + 1)!}f^{(n+1)}(a + \vartheta h)$ darstellbar ist.

Ein Beispiel für eine konvergente **Potenzreihe:** $e^x = 1 + \dfrac{x}{1!} + \dfrac{x^2}{2!} + \dfrac{x^3}{3!} + \dfrac{x^4}{4!} + \ldots$ für alle $x \in \mathbb{R}$.

Bernoullische Ungleichung: $(1 + x)^n > 1 + nx$ für $x > -1$, $x \neq 0$ und $n \in \mathbb{N} \setminus \{0; 1\}$.

Ableitungen (Ableitungsfunktionen) f' einiger Funktionen f

$f(x)$	$f'(x)$	$f(x)$	$f'(x)$	$f(x)$	$f'(x)$
c (Konstante)	0	$\sin x$	$\cos x$	$\arcsin x$	$\frac{1}{\sqrt{1-x^2}}$ für $\lvert x\rvert<1$
cx^n	cnx^{n-1} für $n \in \mathbb{N}^*$	$\cos x$	$-\sin x$	$\arccos x$	$-\frac{1}{\sqrt{1-x^2}}$ für $\lvert x\rvert<1$
x^r	rx^{r-1} für $r \in \mathbb{R}\setminus\{0\}$	$\tan x$	$\frac{1}{\cos^2 x} = 1+\tan^2 x$	$\arctan x$	$\frac{1}{1+x^2}$
e^x	e^x	$\ln\lvert x\rvert$	$\frac{1}{x}$	a^x	$a^x \cdot \ln a$

Umkehrfunktionen

$\bar{f}$: $D \to \mathbb{R}$ mit $x \mapsto y = \bar{f}(x)$ heißt injektiv (umkehrbar), wenn für alle $x_1, x_2 \in D$ aus $x_1 \neq x_2$ stets $\bar{f}(x_1) \neq \bar{f}(x_2)$ folgt.

$W := \{y \mid y = \bar{f}(x)$ und $x \in D\}$ ist die Menge der Werte (Bilder) von $\bar{f}$.

Ist $\bar{f}$: $D \to \mathbb{R}$ mit $x \mapsto y = \bar{f}(x)$ injektiv, so ist die Funktion f: $D \to W$ mit $x \mapsto y = f(x) = \bar{f}(x)$ bijektiv. Zu f gibt es genau eine Umkehrfunktion f^{-1}: $W \to D$ mit $y \mapsto x = f^{-1}(y)$.

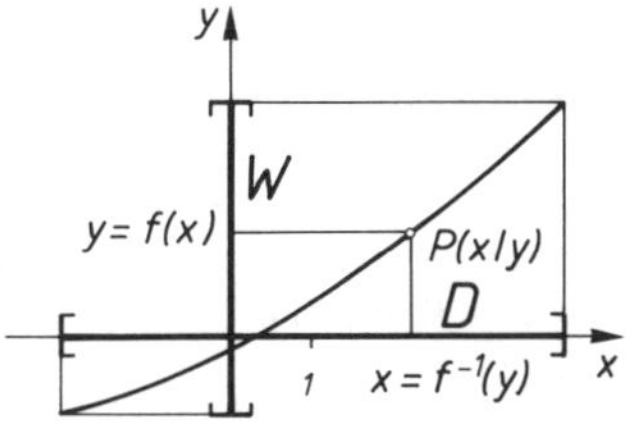

Die Funktion f hat den Graphen k: $y = f(x)$. Löst man die Gleichung $y = f(x)$ nach x auf, so ergibt sich $x = f^{-1}(y)$. Vertauscht man in $x = f^{-1}(y)$ die Variablen x und y, so ergibt sich f^{-1}: $x \mapsto y = f^{-1}(x)$.

Der Graph $\bar{k}$: $y = f^{-1}(x)$ entsteht aus k durch Spiegelung an der 1. Winkelhalbierenden w: $y = x$.

Hinreichende Bedingung für die Existenz einer Umkehrfunktion

Ist f: $J \to \mathbb{R}$ im Intervall J streng monoton, so gibt es genau eine Umkehrfunktion f^{-1}: $W_f \to J$.

Ableitung der Umkehrfunktion

Ist f: $J \to \mathbb{R}$ umkehrbar und differenzierbar mit $f'(x) \neq 0$ für alle $x \in J$, so ist die Umkehrfunktion f^{-1}: $W_f \to J$ mit $y \mapsto x = f^{-1}(y)$ differenzierbar und $(f^{-1})'(y) \cdot f'(x) = 1$, also $(f^{-1})'(y) = \frac{1}{f'(x)}$ mit $x = f^{-1}(y)$.

Iterationsverfahren zur Gewinnung einer Näherungslösung der Gleichung $f(x) = 0$

Allgemeines Iterationsverfahren

Gesucht ist $\bar{x}$ mit $f(\bar{x}) = 0$.

Ein beispielsweise graphisch gefundener Rohwert x_0 mit $f(x_0) \approx 0$ soll durch ein Iterationsverfahren $x_1 = \varphi(x_0), \ldots, x_{n+1} = \varphi(x_n)$ verbessert werden.

Mit Hilfe von Äquivalenzumformungen wird $f(x) = 0$ zu $x = \varphi(x)$ umgeformt. Gesucht ist dann $\bar{x}$ mit $\bar{x} = \varphi(\bar{x})$.

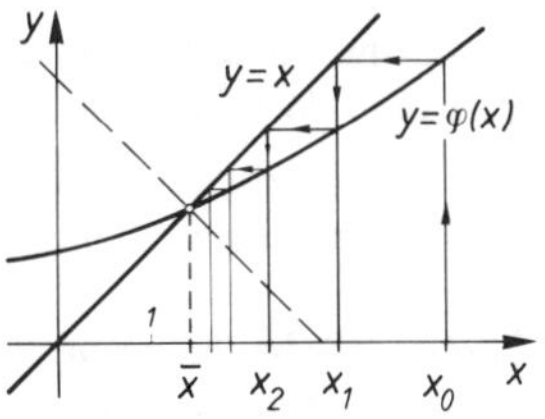

Konvergenzaussage

Ist gesichert, daß es im Intervall J genau ein $\bar{x}$ mit $\bar{x} = \varphi(\bar{x})$ gibt und gibt es weiter eine Zahl L mit $0 \leq L < 1$ so, daß $\lvert\varphi'(x)\rvert \leq L$ für alle $x \in J$ erfüllt ist, so konvergiert die Zahlenfolge $x_0, x_1 = \varphi(x_0), \ldots, x_{n+1} = \varphi(x_n), \ldots$ zumindest dann gegen $\bar{x}$, wenn x_0 aus dem Intervall J gewählt wird.

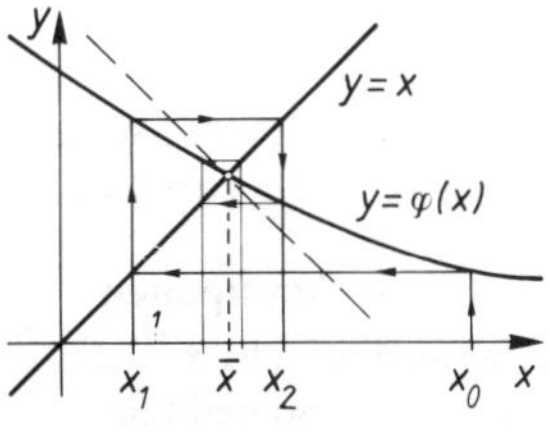

Fehlerabschätzungen

$\lvert\bar{x} - x_{n+1}\rvert \leq \frac{L}{1-L}\lvert x_{n+1} - x_n\rvert$ und $\lvert\bar{x} - x_n\rvert \leq \frac{L^n}{1-L}\lvert x_1 - x_0\rvert$.

Konvergenzverbesserungen

Die Zahlenfolge (x_n) konvergiert um so „rascher“ gegen $\bar{x}$, je näher L bei 0 liegt.

1. Ansatz: $x = \psi(x) = \frac{\varphi(x) - cx}{1 - c}$ mit $c \approx \varphi'(x_0)$ und $c \neq 1$, damit $\psi'(\bar{x}) \approx 0$ erwartet werden kann.

2. Ansatz (ohne $f(x) = 0$ nach x aufzulösen): $x = \varphi(x) = x - \frac{f(x)}{a}$ mit $a \approx f'(x_0)$ und $a \neq 0$, damit $\varphi'(\bar{x}) \approx 0$ erwartet werden kann.

Spezielle Iterationsverfahren

Gesucht ist $\bar{x}$ mit $f(\bar{x}) = 0$.

NEWTON-Verfahren (Tangentenverfahren)

Rohwert x_0 mit $f(x_0) \approx 0$.

$$x_1 = x_0 - \frac{f(x_0)}{f'(x_0)}$$

$$x_2 = x_1 - \frac{f(x_1)}{f'(x_1)}$$

$$\vdots$$

$$x_{n+1} = x_n - \frac{f(x_n)}{f'(x_n)}$$

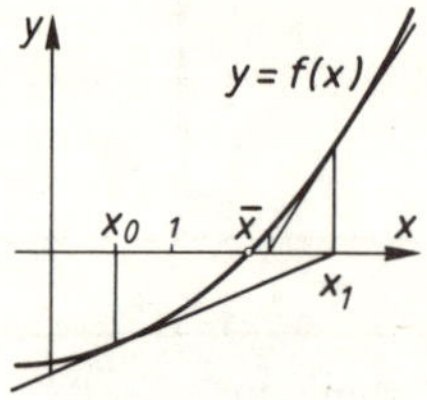

Das Verfahren wird iteriert.

Kriterium für die Anwendbarkeit des Verfahrens:
Es gibt ein $\bar{x}$ mit $f(\bar{x}) = 0$ und $f'(\bar{x}) \neq 0$.

In einem Intervall, das $\bar{x}$, x_0 und alle Näherungswerte x_i enthält, muß gelten:

$$\left| \frac{f(x)f''(x)}{(f'(x))^2} \right| \leq L < 1.$$

Regula falsi (Sekantenverfahren)

Rohwerte x_1 und x_2. Es sei $f(x_1) < 0$, $f(x_2) > 0$ und $\bar{x}$ zwischen x_1 und x_2 ($x_1 < x_2$ ist nicht nötig).

Man berechnet

$$x_3 = x_1 - f(x_1)\frac{x_2 - x_1}{f(x_2) - f(x_1)} = x_2 - f(x_2)\frac{x_1 - x_2}{f(x_1) - f(x_2)}$$

Ist $f(x_3) \neq 0$, so gewinnt man x_4 entweder mit Hilfe der Werte x_1 und x_3 oder aber mit Hilfe von x_2 und x_3:

Ist $f(x_3) < 0$, dann

$$x_4 = x_3 - f(x_3)\frac{x_2 - x_3}{f(x_2) - f(x_3)}.$$

Ist $f(x_3) > 0$, dann

$$x_4 = x_3 - f(x_3)\frac{x_1 - x_3}{f(x_1) - f(x_3)}.$$

Das Verfahren wird iteriert.

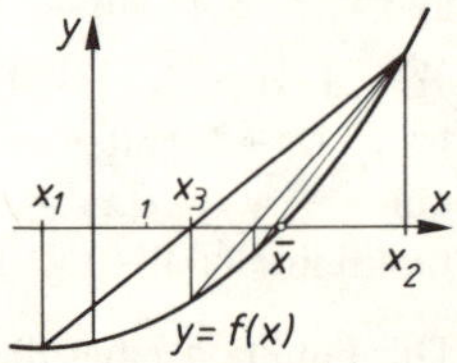

5.5 Kurvenuntersuchungen

Vorgegeben ist eine Funktion f: $D \to \mathbb{R}$ mit $x \mapsto f(x)$.

Liegt ein kartesisches Koordinatensystem zugrunde, so heißt die Punktmenge $k = \{P(x/y) \mid y = f(x) \text{ und } x \in D\}$ der **Graph** von f.

Man schreibt auch k: $y = f(x)$. (Gelesen: „k wird gegeben durch die Gleichung y gleich f von x“).

Periode

f hat die Periode $p > 0$, wenn $f(x + zp) = f(x)$ für alle $x \in D$ und $z \in \mathbb{Z}$ erfüllt ist (und p die kleinste positive Zahl mit dieser Eigenschaft ist). Man betrachtet f dann oft nur in einem Hauptintervall der Länge p.

Symmetrien

k ist symmetrisch zur y-Achse, wenn $f(x) = f(-x)$ für alle $x \in D$ erfüllt ist.
k ist punktsymmetrisch zum Ursprung $O(0/0)$, wenn $f(x) = -f(-x)$ für alle $x \in D$ erfüllt ist.

k ist symmetrisch zur Geraden g: $x = a$, wenn $f(a + z) = f(a - z)$ für alle z mit $(a \pm z) \in D$ erfüllt ist.
k ist punktsymmetrisch zu $W(a/b)$, wenn $f(a + z) + f(a - z) = 2b$ für alle z mit $(a \pm z) \in D$ erfüllt ist.

Asymptotische Näherungskurven für große $|x|$

n: $y = g(x)$ ist eine asymptotische Näherungskurve von k: $y = f(x)$, wenn $\lim\limits_{x \to +\infty} (f(x) - g(x)) = 0$ oder $\lim\limits_{x \to -\infty} (f(x) - g(x)) = 0$ oder beides erfüllt ist.

Ist n eine Gerade, so heißt n eine **Asymptote** von k. Ist eine Asymptote parallel zur x-Achse, so heißt sie waagrechte (horizontale), andernfalls schiefe Asymptote.

Vertikale Asymptoten

Ist f an der Stelle $x = a$ nicht definiert und strebt für x gegen a (bzw. $a+0$ oder $a-0$) der Wert $f(x)$ gegen $+\infty$ oder gegen $-\infty$, so heißt die Gerade v: $x = a$ eine vertikale Asymptote. f hat dann an der Stelle $x = a$ eine Polstelle.

Nullstellen

Ist $a \in D$ und $f(a) = 0$, so heißt a eine Nullstelle von f. $N(a/0)$ ist ein Schnittpunkt von k mit der x-Achse.

Absolute und relative Maxima einer Funktion

Ist $b \in D$ und $f(b) \geq f(x)$ für alle $x \in D$, so hat f an der Stelle $x = b$ ein absolutes Maximum (bezüglich D). Ist $d \in D$ und gibt es mindestens eine Umgebung U von d so, daß $f(d) \geq f(x)$ für alle $x \in U$ erfüllt ist, so hat f an der Stelle $x = d$ ein relatives Maximum; der Punkt $H(d/f(d))$ heißt dann Hochpunkt von k.

Monotonie

f heißt im Intervall J streng monoton zunehmend (streng monoton wachsend), wenn für alle $x_1, x_2 \in J$ aus $x_1 < x_2$ stets $f(x_1) < f(x_2)$ folgt. Gleichwertig ist: Aus $x_2 - x_1 > 0$ folgt stets $f(x_2) - f(x_1) > 0$.
f heißt im Intervall J streng monoton abnehmend (streng monoton fallend), wenn für alle $x_3, x_4 \in J$ aus $x_3 < x_4$ stets $f(x_3) > f(x_4)$ folgt. Gleichwertig ist: Aus $x_4 - x_3 > 0$ folgt stets $f(x_4) - f(x_3) < 0$.
f heißt im Intervall J monoton zunehmend (nicht abnehmend), wenn für alle $x_1, x_2 \in J$ aus $x_1 < x_2$ stets $f(x_1) \leq f(x_2)$ folgt. Gleichwertig ist: Aus $x_2 - x_1 > 0$ folgt stets $f(x_2) - f(x_1) \geq 0$.

Globale Monotonieaussage (Hinreichendes Kriterium)

Ist $f'(x) > 0$ für alle $x \in J$, so ist f auf J streng monoton zunehmend (wachsend).
Ist $f'(x) < 0$ für alle $x \in J$, so ist f auf J streng monoton abnehmend (fallend).
Ist $f'(x) \geq 0$ für alle $x \in J$, so ist f auf J nicht abnehmend. (Dabei ist J ein Intervall.)

Hochpunkte, Tiefpunkte

Ist f differenzierbar, so ist $f'(a) = 0$ eine **notwendige Bedingung** dafür, daß f an der Stelle $x = a$ ein relatives Extremum $f(a)$ hat.

1. hinreichende Bedingung für die Existenz eines Hochpunktes

Hinreichend für den Nachweis des Hochpunktes $H(a/f(a))$ ist, zu zeigen, daß $f'(a) = 0$ und $f''(a) < 0$ erfüllt sind.

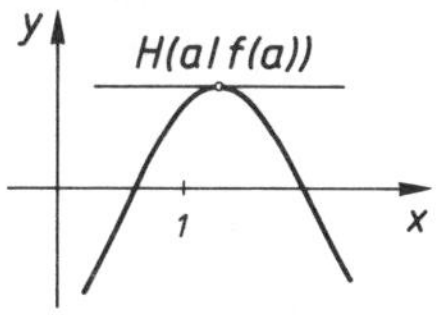

2. hinreichende Bedingung für einen Hochpunkt

$H(a/f(a))$ ist schon dann als Hochpunkt erkannt, wenn neben $f'(a) = 0$ noch gezeigt ist, daß $f'(x)$ an der Stelle $x = a$ das Vorzeichen vom Positiven ins Negative wechselt.

1. hinreichende Bedingung für die Existenz eines Tiefpunktes

Hinreichend für den Nachweis des Tiefpunktes $T(b/f(b))$ ist, zu zeigen, daß $f'(b) = 0$ und $f''(b) > 0$ erfüllt sind.

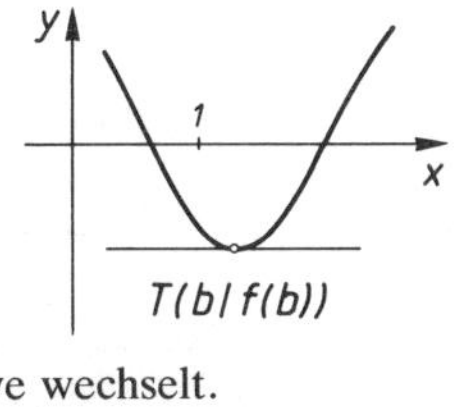

2. hinreichende Bedingung für einen Tiefpunkt

$T(b/f(b))$ ist schon als Tiefpunkt erkannt, wenn neben $f'(b) = 0$ noch gezeigt ist, daß $f'(x)$ an der Stelle $x = b$ das Vorzeichen vom Negativen ins Positive wechselt.

Wendepunkte

Ist f'' stetig und $f''(a) < 0$, so ist k: $y = f(x)$ in einer Umgebung der Stelle $x = a$ eine Rechtskurve; ist f'' stetig und $f''(b) > 0$, so ist k in einer Umgebung der Stelle $x = b$ eine Linkskurve.
k hat den Wendepunkt $W(c/f(c))$, wenn sie dort von einer Rechts- in eine Linkskurve oder von einer Links- in eine Rechtskurve übergeht.

Notwendige Bedingung für einen Wendepunkt

$W(c/f(c))$ ist höchstens dann ein Wendepunkt, wenn $f''(c) = 0$ erfüllt ist.

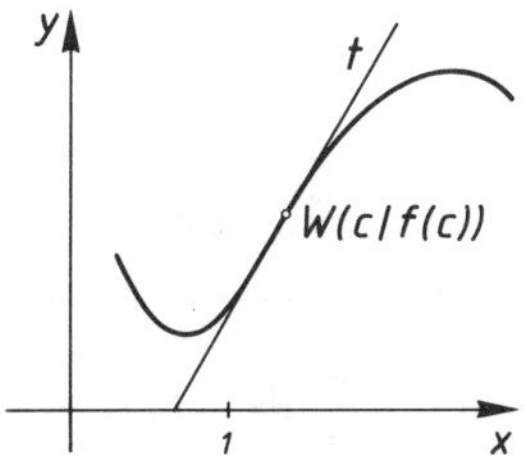

1. Hinreichende Bedingung für einen Wendepunkt

Ist $f''(c) = 0$ und $f'''(c) \neq 0$, so ist $W(c/f(c))$ sicher ein Wendepunkt von k.

2. Hinreichende Bedingung für einen Wendepunkt

Ist $f''(c) = 0$ und wechselt $f''(x)$ an der Stelle $x = c$ das Vorzeichen, dann ist $W(c/f(c))$ ein Wendepunkt von k.

Wendetangente

Stets durchsetzt die Wendetangente t: $y = f'(c)(x - c) + f(c)$ die Kurve k: $y = f(x)$ im Wendepunkt $W(c/f(c))$.

Tangente, Normale, Krümmungskreis

k: $y = f(x)$ hat im Kurvenpunkt $P(u/v) = P(u/f(u))$ die **Tangente** t: $y = f'(u)(x - u) + f(u)$

Die zugehörige **Normale** enthält den Punkt $P(u/f(u))$ und ist zur Tangente t senkrecht (orthogonal).

Der Krümmungskreis von k: $y = f(x)$ in $P(u/f(u))$ hat im Falle $f''(u) \neq 0$ den Radius $\varrho = \frac{\sqrt{\left(1 + [f'(u)]^2\right)^3}}{f''(u)}$

und den Mittelpunkt $M(x_M/y_M)$ mit $x_M = u - \frac{f'(u)\left(1 + [f'(u)]^2\right)}{f''(u)}$; $\quad y_M = f(u) + \frac{1 + [f'(u)]^2}{f''(u)}$.

5.6 Integralrechnung

Stammfunktion, unbestimmtes Integral

F: $x \mapsto F(x)$ heißt eine **Stammfunktion** der Funktion f: $x \mapsto f(x)$, wenn $F'(x) = f(x)$ für alle $x \in D_F = D_f$ erfüllt ist.

Jede stetige Funktion f hat Stammfunktionen. Sind F_1 und F_2 Stammfunktionen der gleichen Funktion f, so gibt es eine Konstante $c \in \mathbb{R}$ mit $F_1(x) = F_2(x) + c$ für alle $x \in D_f$. Die Menge aller Stammfunktionen der Funktion f heißt das unbestimmte Integral von f: $\int f(x)dx = F(x) + c$ (c heißt Integrationskonstante).

Integrationsregeln

Linearität: $\int (f(x) \pm g(x))dx = \int f(x)dx \pm \int g(x)dx$; $\quad \int cf(x)dx = c\int f(x)dx$

Partielle Integration: $\int u'(x)v(x)dx = u(x)v(x) - \int u(x)v'(x)dx$; kurz gefaßt: $\int u'vdx = uv - \int uv'dx$

Integration durch Substitution: $\int f[g(x)]g'(x)\,dx = \int f(u)\,du$ mit $u = g(x)$, $du = g'(x)dx$

Sonderfall: $\int \frac{f'(x)}{f(x)}dx = \ln|f(x)| + c$, falls $f(x) \neq 0$ für alle $x \in D_f$.

Auswahl unbestimmter Integrale, (Integrationskonstante c)

$\int 0dx = c$ (c Integrationskonstante)

$\int adx = ax + c \quad (a \in \mathbb{R})$

$\int ax^n dx = \frac{a}{n+1}x^{n+1} + c \quad (n \in \mathbb{N})$

$\int x^r dx = \frac{1}{r+1}x^{r+1} + c \quad (r \in \mathbb{R} \setminus \{-1\})$

$\int \frac{1}{x}dx = \ln|x| + c$

$\int \frac{ax+b}{dx+e}dx = \frac{ax}{d} - \frac{ae-bd}{d^2}\ln|dx+e| + c$

$\int \frac{1}{x^2-a^2}dx = \frac{1}{2a}\ln\left|\frac{x-a}{x+a}\right| + c \quad (|x| \neq |a|)$

$\int \frac{1}{x^2+a^2}dx = \frac{1}{a}\arctan\frac{x}{a} + c$

$\int \frac{1}{\sqrt{x^2-a^2}}dx = \ln|x + \sqrt{x^2-a^2}| + c$

$\int \sqrt{x^2+a^2}\,dx = \frac{x}{2}\sqrt{x^2+a^2} + \frac{a^2}{2}\ln\left(x + \sqrt{a^2+x^2}\right) + c$

$\int \frac{1}{\sqrt{a^2-x^2}}dx = \arcsin\frac{x}{a} + c \quad (|x| \leq |a|)$

$\int \frac{1}{\sqrt{x^2+a^2}}dx = \ln\left(x + \sqrt{x^2+a^2}\right) + c$

$\int e^x \, dx = e^x + c$

$\int a^{kx} \, dx = \frac{a^{kx}}{k \cdot \ln a} + c \qquad (a > 0, a \neq 1)$

$\int \ln x \, dx = x \cdot \ln x - x + c$

$\int \sin x \, dx = -\cos x + c$

$\int \cos x \, dx = \sin x + c$

$\int \sin^2 x \, dx = \frac{1}{2}(x - \sin x \cdot \cos x) + c$

$\int \cos^2 x \, dx = \frac{1}{2}(x + \sin x \cdot \cos x) + c$

$\int \frac{1}{\sin x} \, dx = \ln \left| \tan \frac{x}{2} \right| + c$

$\int \frac{1}{\cos x} \, dx = \ln \left| \tan \left(\frac{x}{2} + \frac{\pi}{4} \right) \right| + c$

$\int \tan x \, dx = -\ln |\cos x| + c$

$\int \tan^2 x \, dx = \tan x - x + c$

$\int \arcsin x \, dx = x \cdot \arcsin x + \sqrt{1 - x^2} + c$

$\int \arctan x \, dx = x \cdot \arctan x - \frac{1}{2} \ln (x^2 + 1) + c$

Flächeninhaltsfunktion und bestimmtes Integral

Es sei f: $[a,b] \to \mathbb{R}$ stetig und $f(x) \geq 0$ für alle $x \in [a,b]$.
Die Punktmenge $\{P(x/y) \mid a \leq x \leq b$ und $0 \leq y \leq f(x)\}$ heißt das krummlinige Trapez mit der Randfunktion f über dem Intervall $[a,b]$.
Zu jedem $x \in [a,b]$ gibt es ein **krummliniges Trapez** mit der Randfunktion f über $[a,x]$.
Dieses hat den Flächeninhalt $F(x) = \int_a^x f(t)dt$.

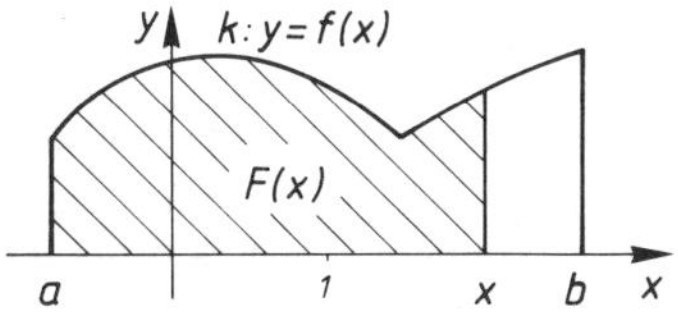

Hauptsatz der Integralrechnung
Die **Integralfunktion** J: $x \mapsto J(x) = \int_a^x f(t)dt$ ist differenzierbar und es ist $J'(x) = f(x)$ für alle $x \in \,]a,b[$.

Ist G irgendeine Stammfunktion von f (also $G' = f$), so gilt:

$$F(b) = \int_a^b f(t)dt = \int_a^b f(x)dx = \Big[G(x) \Big]_a^b = G(x) \Big|_{x=a}^{x=b} = G(x) \Big|_a^b = G(b) - G(a).$$

Flächeninhalte zwischen einem Graphen und der x-Achse

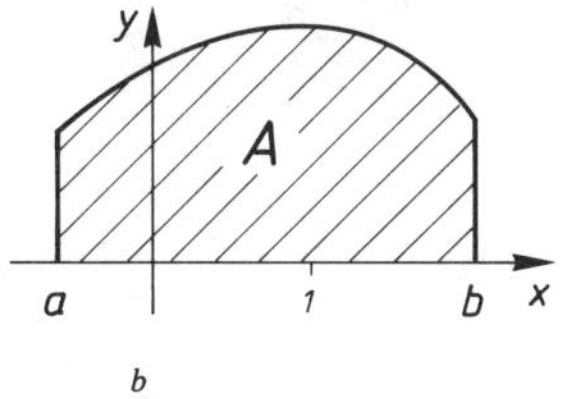

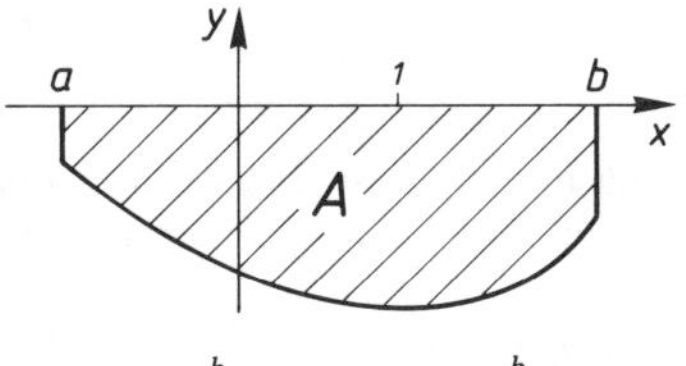

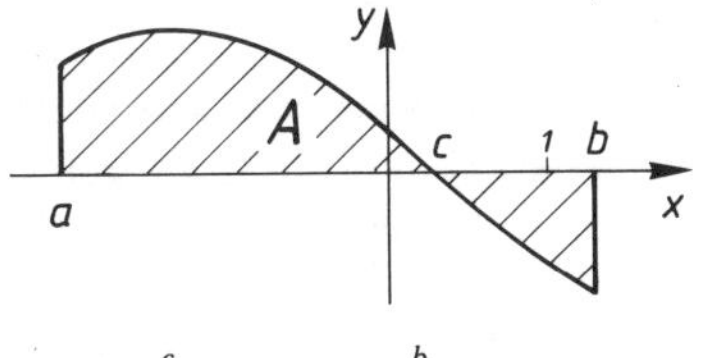

$A = \int_a^b f(x)dx$

$A = \left| \int_a^b f(x)dx \right| = -\int_a^b f(x)dx$

$A = \int_a^c f(x)dx + \left| \int_c^b f(x)dx \right|$

Flächeninhalt zwischen zwei Graphen
Ist nur $f(x) \geq g(x)$ für alle $x \in [a,b]$ erfüllt,

so ist $A = \int_a^b (f(x) - g(x))dx$

(gleichgültig, ob die Graphen von f oder von g die Achse im Intervall $[a,b]$ schneiden oder nicht).

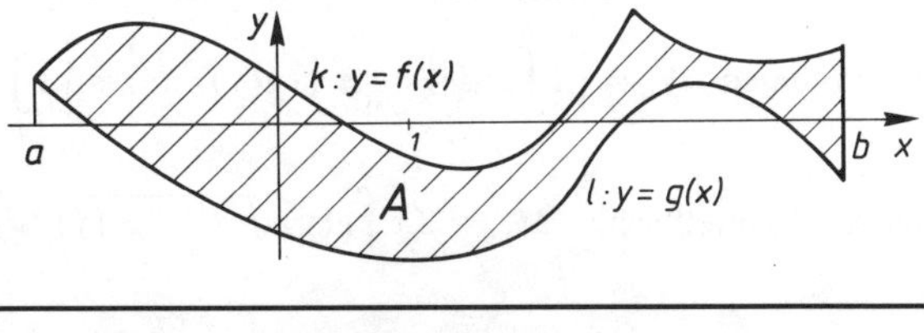

Eigenschaften des bestimmten Integrals

Linearität

$$\int_a^b (rf(x) + sg(x))dx = r\int_a^b f(x)dx + s\int_a^b g(x)dx.$$

Änderung der Integrationsgrenzen

$$\int_a^b f(x)dx = -\int_b^a f(x)dx; \quad \int_a^b f(x)dx = \int_a^c f(x)dx + \int_c^b f(x)dx.$$

Monotonie

Ist $f(x) \leq g(x)$ für alle $x \in [a,b]$,

so ist $\int_a^b f(x)dx \leq \int_a^b g(x)dx.$

Abschätzung

Ist $m \leq f(x) \leq M$ für alle $x \in [a,b]$,

so ist $m \cdot (b-a) \leq \int_a^b f(x)dx \leq M \cdot (b-a).$

Mittelwertsatz der Integralrechnung

Ist f auf $[a,b]$ stetig, so gibt es ein $c \in \mathbb{R}$

mit $a \leq c \leq b$ und $\int_a^b f(x)dx = (b-a)f(c).$

Integration durch Substitution

$$\int_a^b f[g(x)]g'(x)dx = \int_{g(a)}^{g(b)} f(u)du \text{ mit } u = g(x);\ g'(x) = \frac{du}{dx}.$$

Bogenlängen, Drehkörpervolumen, Mantelflächen

Bogenlängen

Das Kurvenstück k: $y = f(x)$ für $a \leq x \leq b$ hat die Länge (Bogenlänge) $s = \int_a^b \sqrt{(1+(f'(x))^2}dx = \int_a^b \sqrt{1+y'^2}dx.$

Rotation eines Kurvenstückes um die *x*-Achse

Ist f stetig und $f(x) \geq 0$ für alle $x \in [a,b]$ und rotiert k: $y = f(x)$ mit $a \leq x \leq b$ um die x-Achse, so hat der

erzeugte Drehkörper das Volumen $V_x = \pi\int_a^b y^2dx = \pi\int_a^b (f(x))^2dx$ und

die Mantelfläche $M_x = 2\pi\int_a^b y\sqrt{1+y'^2}dx = 2\pi\int_a^b f(x)\sqrt{1+[f'(x)]^2}dx.$

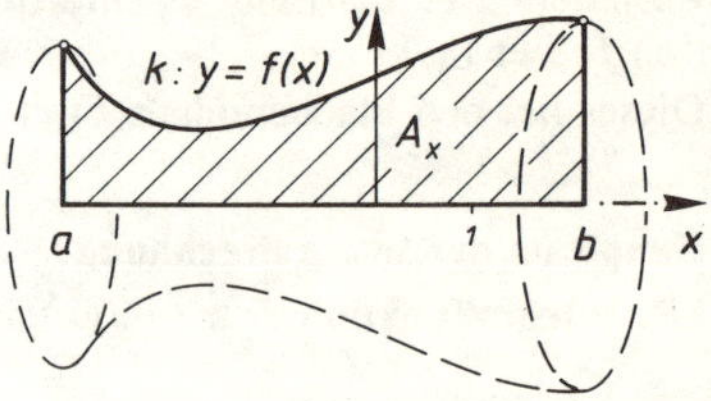

Rotation eines krummlinigen Trapezes um die *y*-Achse

Rotiert das krummlinige Trapez zwischen k und der x-Achse um die y-Achse, so hat der dadurch erzeugte Rotationskörper das Volumen $V = 2\pi\int_a^b x \cdot f(x)dx.$

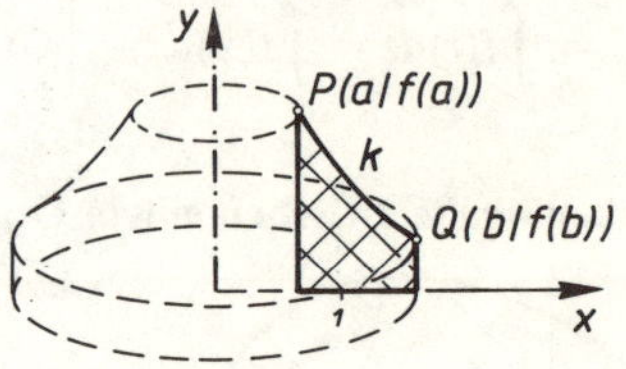

Rotation eines Kurvenstückes um die *y*-Achse

Ist f: $x \mapsto y = f(x)$ auf $[a,b]$ stetig und streng monoton, so gibt es die Umkehrfunktion g: $y \mapsto x = g(y)$. g ist stetig. Es sei $g(y) \geq 0$ für alle y. Die Funktion f und g haben den gleichen Graphen k: $y = f(x)$ bzw. k: $x = g(y)$. Wir bezeichnen $f(a) = c$, $f(b) = d$.

Das Flächenstück zwischen k und der y-Achse hat den

Flächeninhalt $A_y = \left|\int_c^d xdy\right| = \left|\int_c^d g(y)dy\right|.$

Rotiert k um die y-Achse, so hat der erzeugte Rotationskörper

das Volumen $V_y = \left|\pi\int_c^d x^2dy\right| = \left|\pi\int_c^d (g(y))^2dy\right| = \left|\pi\int_a^b x^2f'(x)dx\right|$

und die Mantelfläche $M_y = \left|2\pi\int_c^d g(y)\sqrt{1+(g'(y))^2}dy\right|.$

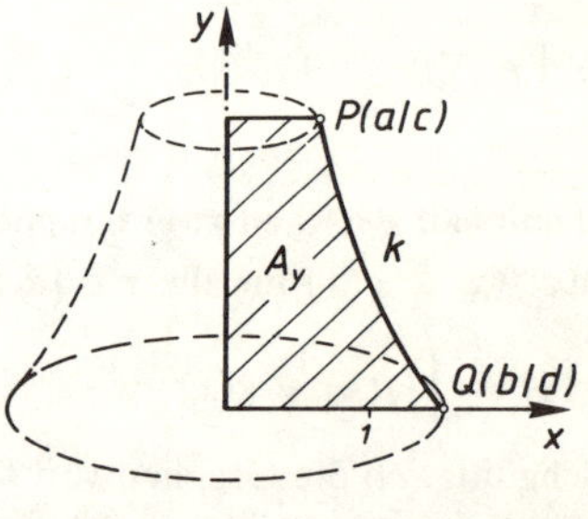

Numerische Integration

$\int_a^b f(x)$ kann näherungsweise berechnet werden: Das Intervall $[a,b]$ wird durch $2n+1$ Teilpunkte in $2n$ gleich lange Teilintervalle der Länge $h = \frac{b-a}{2n}$ zerlegt.

Teilpunkte: $x_0 = a,\ x_1 = a + h,\ x_2 = a + 2h,\ \ldots,\ x_{2n} = b$.

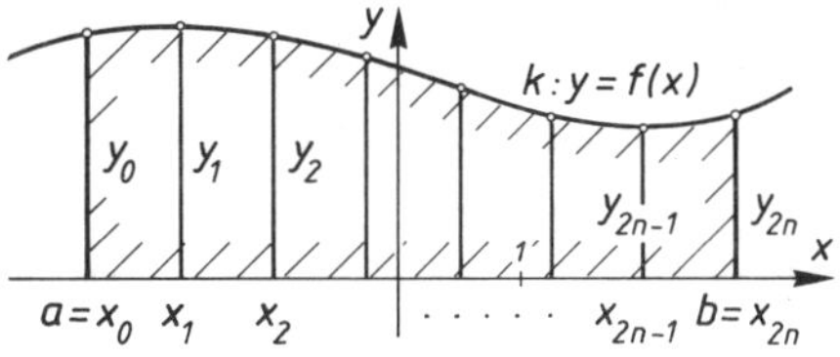

Sehnenformel (Trapezregel)

$$\int_a^b f(x)dx \approx h\left(\frac{1}{2}\,y_0 + y_1 + \ldots + y_{2n-1} + \frac{1}{2}\,y_{2n}\right)$$

Tangentenformel

$$\int_a^b f(x)dx \approx 2h(y_1 + y_3 + \ldots + y_{2n-1})$$

KEPLERsche Faßregel

$$\int_a^b f(x)dx \approx \frac{b-a}{6}\left[f(a) + 4f\left(\frac{a+b}{2}\right) + f(b)\right]$$

SIMPSONsche Formel

$$\int_a^b f(x)dx \approx \frac{h}{3}\left[y_0 + y_{2n} + 2(y_2 + y_4 + \ldots + y_{2n-2}) + 4(y_1 + y_3 + \ldots + y_{2n-1})\right] \quad \text{mit } y_k = f(x_k)$$

5.7 Differentialgleichungen

(Gewöhnliche) Differentialgleichungen sind Bestimmungsgleichungen für Funktionen (einer unabhängigen Variablen), die mindestens eine Ableitung der unbekannten Funktionen enthalten. Die Ordnung der Differentialgleichung ist der Grad der höchsten auftretenden Ableitung. Unter der Lösung einer Differentialgleichung versteht man die Menge aller Funktionen, die mit ihren Ableitungen die Differentialgleichung identisch erfüllen. Die Lösung einer Differentialgleichung n-ter Ordnung ist eine Menge von Funktionen, welche n frei wählbare Parameter enthält.

Differentialgleichung	Allgemeine Lösung
$f'(x) = y' = a;\quad a = \text{const.}$	$f(x) = y = ax + c$ mit $c \in \mathbb{R}$ (c Parameter)
$f''(x) = y'' = a;\quad a = \text{const.}$	$f(x) = y = \frac{1}{2}ax^2 + cx + d$ mit $c,d \in \mathbb{R}$
$y'' - a^2y = 0$	$y = c_1e^{ax} + c_2e^{-ax}$ mit $c_1 \in \mathbb{R}$, $c_2 \in \mathbb{R}$.

Wachstumsgleichungen

Vorgang	Differentialgleichung	Allgemeine Lösung	
Exponentielles Wachstum	$y' = ay,\quad a = \text{const.}$	$y = ce^{ax}$	mit $c \in \mathbb{R}$
Radioaktiver Zerfall	$\dot N(t) = -\lambda N(t),\quad \lambda = \text{const.}$	$N(t) = N_0e^{-\lambda t}$	mit $N_0 \in \mathbb{R}$
Hyperbolisches Wachstum	$y' = ky^2,\quad k = \text{const.},\ k > 0$	$y = \frac{c}{1 - ckx}$	mit $c \in \mathbb{R}$
Gebremstes Wachstum	$y' = a(b - y),\quad a,b = \text{const.}$	$y = ce^{-ax} + b$	mit $c \in \mathbb{R}$
Logistisches Wachstum	$y' = ay - by^2,\quad a,b = \text{const.},\ b > 0$	$y = \frac{ca}{cb + (a - cb)e^{-ax}}$	mit $c \in \mathbb{R}$
Allometrisches Wachstum	$y' = \frac{b}{x}y,\quad x > 0,\ b = \text{const.}$	$y = cx^b$	mit $c \in \mathbb{R}$

Vorgang	Differentialgleichung	Allgemeine Lösung	
Harmonische Schwingung	$\ddot{y} + \omega_0^2 y = 0;\quad \omega_0 = \text{const.}$	$y = c_1 \sin \omega_0 t + c_2 \cos \omega_0 t$	mit $c_1 \in \mathbb{R}$, $c_2 \in \mathbb{R}$
		$= a \sin (\omega_0 t + b)$	mit $a \in \mathbb{R}$, $b \in \mathbb{R}$.
Gedämpfte Schwingung	$\ddot{y} + 2\varkappa \dot{y} + \omega_0^2 y = 0;\quad \varkappa = \text{const.}, \omega_0 = \text{const.}$		

Hier unterscheidet man drei Fälle:

gedämpfte harmonische Schwingung,	wenn $\varkappa^2 < \omega_0^2$:	$y = a e^{-\varkappa t} \sin(\omega t + b)$	mit $a, b \in \mathbb{R}$; $\omega = \sqrt{\omega_0^2 - \varkappa^2}$.
aperiodischer Grenzfall,	wenn $\varkappa^2 = \omega_0^2$:	$y = e^{-\varkappa t}(c_1 + c_2 t)$	mit $c_1 \in \mathbb{R}$, $c_2 \in \mathbb{R}$.
aperiodische Kriechbewegung,	wenn $\varkappa^2 > \omega_0^2$:	$y = c_1 e^{\lambda_1 t} + c_2 e^{\lambda_2 t}$	mit $c_1 \in \mathbb{R}$, $c_2 \in \mathbb{R}$ und $\lambda_{1;2} = -\varkappa \pm \sqrt{\varkappa^2 - \omega_0^2}$.

6. Wahrscheinlichkeitsrechnung und Statistik (Stochastik)

6.1 Beschreibende (deskriptive) Statistik, Datenerhebung

Bei einer Stichprobe (Beobachtungsreihe) vom Umfang n aus einer Grundgesamtheit mit den Merkmalsausprägungen $a_1, a_2, \ldots, a_p$ beobachtet man Stichprobenwerte $x_1, x_2, \ldots, x_n$. Die x_i kommen unter den a_j vor. Die absolute Häufigkeit n_j der Merkmalsausprägung a_j ist die Anzahl der Werte in der Stichprobe, die gleich dem Wert a_j sind; $h_j = \frac{n_j}{n}$ ist die zugehörige relative Häufigkeit. Ist $a_1 < a_2 < \ldots < a_p$, so heißen die

$H_j = h_1 + h_2 + \ldots + h_j$ für $j = 1, 2, \ldots, p$

die relativen Summenhäufigkeiten.

Die Stichprobenwerte $x_1, x_2, \ldots, x_n$ können in r Klassen $k_1, k_2, \ldots, k_r$ der Breite Δx mit den Klassenmitten $m_1, m_2, \ldots, m_r$ eingeteilt werden.

Die Klasse k_j enthält alle Werte x mit $m_j - \frac{\Delta x}{2} \leq x < m_j + \frac{\Delta x}{2}$.

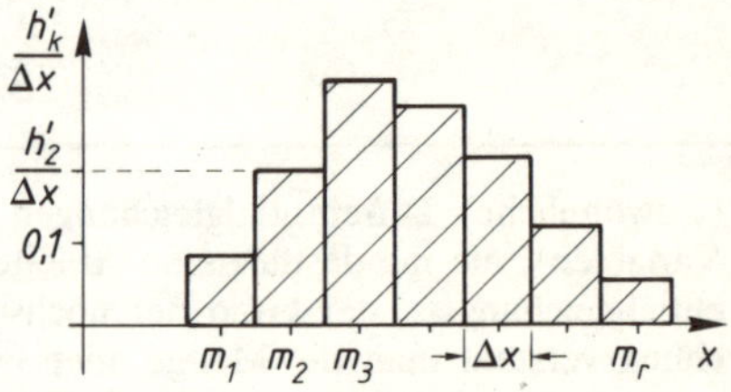

Lagemaßzahlen von Stichproben

Der Modalwert ist der Meßwert, der am häufigsten vorkommt.

Mittelwert (arithmetisches Mittel) $\bar{x} := \frac{x_1 + x_2 + \ldots + x_n}{n} = \frac{1}{n} \sum_{i=1}^{n} x_i = \frac{1}{n} \sum_{j=1}^{p} n_j a_j = \sum_{j=1}^{p} h_j a_j$.

Streuungsmaßzahlen von Stichproben

Spannweite: Intervall vom kleinsten bis zum größten Stichprobenwert.

(Empirische) Varianz s^2, (empirische) Standardabweichung $s \geq 0$:

$$s^2 := \frac{1}{n-1} \sum_{i=1}^{n} (x_i - \bar{x})^2 = \frac{1}{n-1} \sum_{j=1}^{p} n_j (a_j - \bar{x})^2 = \frac{n}{n-1} \sum_{j=1}^{p} h_j (a_j - \bar{x})^2.$$

Praktische Berechnung der (empirischen) Varianz einer Stichprobe:

$$s^2 = \frac{1}{n-1} \left[\sum_{i=1}^{n} x_i^2 - n\bar{x}^2 \right] = \frac{1}{n-1} \left[\sum_{i=1}^{n} x_i^2 - \frac{1}{n} \left(\sum_{i=1}^{n} x_i \right)^2 \right] = \frac{1}{n-1} \left[\sum_{j=1}^{p} n_j a_j^2 - \frac{1}{n} \left(\sum_{i=1}^{p} n_j a_j \right)^2 \right].$$

Bei Einteilung in r Klassen:

Mittelwert $\bar{x} \approx \frac{1}{n} \sum_{i=1}^{r} n_i m_i$; Varianz $s^2 \approx \frac{1}{n-1} \sum_{i=1}^{r} n_i (m_i - \bar{x})^2$.

Mittelwert μ und Varianz σ^2 bei Grundgesamtheiten

Liegt keine Stichprobe, sondern sogar die Grundgesamtheit vom Umfang N mit den Einzelwerten $x_1, x_2, \ldots, x_N$ vor, so werden der Mittelwert μ und die Standardabweichung σ mit griechischen Buchstaben bezeichnet und die Varianz σ^2 sowie die Standardabweichung σ auch anders definiert:

$$\mu := \frac{1}{N} \sum_{i=1}^{N} x_i; \quad \sigma^2 := \frac{1}{N} \sum_{i=1}^{N} (x_i - \mu)^2 = \frac{1}{N} \sum_{i=1}^{N} x_i^2 - \mu^2; \quad \text{es ist } \sigma \geq 0.$$

6.2 Wahrscheinlichkeitsrechnung

Ergebnis, Ereignis

Es liege ein Zufallsexperiment mit der endlichen Ergebnismenge (Menge der Ausfälle) $S = \{a_1, a_2, \ldots, a_n\}$ vor. Jedes Element $a_i \in S$ heißt ein Ergebnis (Ausfall, Resultat, Ausgang) des Zufallsexperimentes. Jede Teilmenge A von S heißt ein Ereignis in S. Die einelementigen Teilmengen $\{a_j\}$ von S nennt man Elementarereignisse. Liefert eine Durchführung des Zufallsexperimentes ein Ergebnis $a_k \in A$, wobei $A \subseteq S$ erfüllt ist, so sagt man, das Ereignis A sei eingetreten (realisiert).
Die Potenzmenge $\mathcal{P}(S)$, die Menge aller Teilmengen von S, heißt Ereignismenge.

Man fordert folgende Interpretationen:

$\emptyset$	ist das in S nicht realisierbare Ereignis (das unmögliche Ereignis, welches nie eintrifft).
S	heißt sicheres Ereignis (das Ereignis, welches stets eintrifft).
$A \subseteq B$	bedeutet, daß B sicher dann eintrifft, wenn A eintrifft (daß das Ereignis A das Ereignis B nach sich zieht).
$A \cup B$,	das Ereignis "A oder B" (mit einschließendem oder). Dieses Ereignis trifft genau dann ein, wenn mindestens eines der Ereignisse A oder B eintrifft.
$A \cap B$,	das Ereignis „A und B". Dieses Ereignis trifft genau dann ein, wenn sowohl das Ereignis A als auch das Ereignis B eintrifft (wenn A und B gleichzeitig realisiert sind).
$(A \cap \overline{B}) \cup (\overline{A} \cap B)$	das Ereignis „entweder A oder B" (mit ausschließendem oder). Dieses Ereignis tritt genau dann ein, wenn A oder B aber nicht beide gleichzeitig eintreffen.
$\overline{A} = S \setminus A$	ist das **Gegenereignis von A**, das Ereignis „nicht A", das zu A entgegengesetzte Ereignis. Es trifft genau dann ein, wenn A nicht eintrifft. Es ist $A \cup \overline{A} = S$ und $A \cap \overline{A} = \emptyset$.
$A \cap B = \emptyset$	bedeutet, daß A und B unvereinbar sind (unverträglich sind, disjunkt sind, sich ausschließen).

Wahrscheinlichkeitsfunktion (Wahrscheinlichkeitsbewertung)

Jede Abbildung $P\colon \mathcal{P}(S) \to [0;1]$, die jedem Ereignis $A (A \subseteq S)$ eine reelle Zahl $P(A)$ mit $0 \leq P(A) \leq 1$ zuordnet, heißt Wahrscheinlichkeitsfunktion (Wahrscheinlichkeitsbewertung) von $\mathcal{P}(S)$, wenn folgende Forderungen erfüllt sind (Axiomensystem von Kolmogoroff):

1. $P(S) = 1$ (Normierung).
2. Ist $A \cap B = \emptyset$, so ist $P(A \cup B) = P(A) + P(B)$ (Additivität).

($P(A)$ wird gelesen als „die Wahrscheinlichkeit des Ereignisses A" oder auch kurz „die Wahrscheinlichkeit von A".)

Eigenschaften der Wahrscheinlichkeitsfunktion (Wahrscheinlichkeitsbewertung)

$P(\overline{A}) = 1 - P(A)$	für jedes $A \in \mathcal{P}(S)$ (Wahrscheinlichkeit des Gegenereignisses $\overline{A}$ von A).
$P(\emptyset) = 0$	(Wahrscheinlichkeit des nicht realisierbaren Ereignisses $\emptyset$)
Ist $P(A) = 0$,	so kann man nicht auf $A = \emptyset$ schließen; A heißt (fast) unmöglich.
Ist $P(B) = 1$,	so kann man nicht auf $B = S$ schließen; B heißt (fast) sicher.
Ist $A \subseteq B$,	so ist $P(A) \leq P(B)$.

Additionssatz für Wahrscheinlichkeiten

$P(A \cup B) = P(A) + P(B) - P(A \cap B)$ für alle A, B aus $\mathcal{P}(S)$.

$P(A \cup B \cup C) = P(A) + P(B) + P(C) - P(A \cap B) - P(A \cap C) - P(B \cap C) + P(A \cap B \cap C)$
für alle A, B, C aus $\mathcal{P}(S)$.

Unvereinbar – vereinbar

A und B sind unvereinbar:	$A \cap B = \emptyset$. Nur dann ist $P(A \cup B) = P(A) + P(B)$ (Summenregel).
A und B sind vereinbar:	$A \cap B \neq \emptyset$. Stets ist $P(A \cup B) = P(A) + P(B) - P(A \cap B)$.

Bedingte Wahrscheinlichkeit

$P(B|A) = \frac{P(A \cap B)}{P(A)}$ für $P(A) \neq 0$.

(Gelesen: Wahrscheinlichkeit von B unter der Bedingung A; Wahrscheinlichkeit von B unter der Voraussetzung, daß A eintrifft; durch A bedingte Wahrscheinlichkeit von B; kurz: „P von B unter A“.)

Anmerkung: Man findet auch die Schreibweise $P(B|A) = P_A(B)$.

Die durch A mit $P(A) \neq 0$ bedingte Wahrscheinlichkeit ist eine Wahrscheinlichkeitsverteilung auf $\mathcal{P}(S)$:

$0 \leq P(B|A) \leq 1$ für alle $B \in \mathcal{P}(S)$; $P(\emptyset|A) = 0$, $P(S|A) = 1$;

ist $B \cap C = \emptyset$, so gilt $P(B \cup C|A) = P(B|A) + P(C|A)$.

$P(\overline{B}|A) = 1 - P(B|A)$ (Wahrscheinlichkeit des Gegenereignisses).

Multiplikationssatz für Wahrscheinlichkeiten

$P(A \cap B) = P(A) \cdot P(B|A) = P(B) \cdot P(A|B)$ für $P(A) \neq 0$, $P(B) \neq 0$,

$P(A \cap B \cap C) = P(A) \cdot P(B|A) \cdot P(C|A \cap B)$ für $P(A \cap B) \neq 0$.

Totale Wahrscheinlichkeit

Bilden die $B_1, B_2, \ldots, B_m$ eine Zerlegung von S ($B_1 \cup B_2 \cup \ldots \cup B_m = S$ und $B_i \cap B_j = \emptyset$ für $i \neq j$ (paarweise unvereinbar)) und ist $P(B_i) \neq 0$ für alle B_i, so gilt für jedes beliebige Ereignis $A \in \mathcal{P}(S)$:

$P(A) = P(B_1) \cdot P(A|B_1) + P(B_2) \cdot P(A|B_2) + \ldots + P(B_m) \cdot P(A|B_m)$.

Insbesondere ist $B \cup \overline{B} = S$ und $B \cap \overline{B} = \emptyset$. Daher gilt für jedes $A \in \mathcal{P}(S)$: $A = (A \cap B) \cup (A \cap \overline{B})$.

Da $A \cap B$ und $A \cap \overline{B}$ unvereinbar sind, ist:

$P(A) = P(A \cap B) + P(A \cap \overline{B}) = P(B) \cdot P(A|B) + P(\overline{B}) \cdot P(A|\overline{B})$

für $P(B) \neq 0$, $P(\overline{B}) \neq 0$.

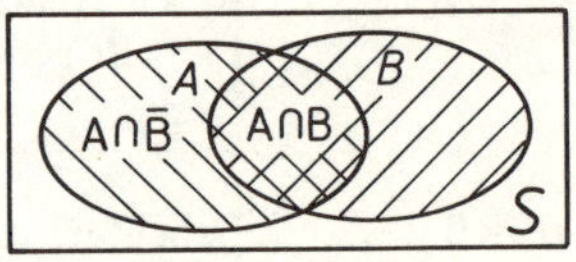

Formel von Bayes

Unter den obigen Voraussetzungen gilt, wenn $P(A) \neq 0$ ist:

$$P(B_k|A) = \frac{P(B_k) \cdot P(A|B_k)}{P(A)} = \frac{P(B_k) \cdot P(A|B_k)}{P(B_1) \cdot P(A|B_1) + P(B_2) \cdot P(A|B_2) + \ldots + P(B_m) \cdot P(A|B_m)}.$$

Wegen $B \cup \overline{B} = S$ und $B \cap \overline{B} = \emptyset$ gilt im Falle $P(A) \neq 0$ für jedes beliebige Ereignis $B \in \mathcal{P}(S)$:

$$P(B|A) = \frac{P(B) \cdot P(A|B)}{P(A)} = \frac{P(B) \cdot P(A|B)}{P(B) \cdot P(A|B) + P(\overline{B}) \cdot P(A|\overline{B})} = P(B) \cdot \frac{P(A|B)}{P(A)}.$$

(Die Formel von Bayes zeigt, wie sich die „a priori Wahrscheinlichkeit $P(B)$“ dadurch zur „a posteriori – Wahrscheinlichkeit $P(B|A)$“ verändert, daß man schon weiß, daß A eingetroffen ist.)

Unabhängige Ereignisse

Zwei Ereignisse A und B heißen dann und nur dann (stochastisch) unabhängig, wenn $P(A \cap B) = P(A) \cdot P(B)$ erfüllt ist.

Für unabhängige Ereignisse A und B mit $P(A) \neq 0$ und $P(B) \neq 0$ ist $P(B|A) = P(B)$ und $P(A|B) = P(A)$.

Sind A und B unabhängig, so sind auch A und $\overline{B}$, $\overline{A}$ und B sowie $\overline{A}$ und $\overline{B}$ jeweils unabhängig.

Drei Ereignisse A, B und C heißen (in der Gesamtheit) unabhängig,

wenn $P(A \cap B) = P(A) \cdot P(B)$, $P(A \cap C) = P(A) \cdot P(C)$, $P(B \cap C) = P(B) \cdot P(C)$

und $P(A \cap B \cap C) = P(A) \cdot P(B) \cdot P(C)$ gelten.

Unabhängig – abhängig

A und B sind unabhängig: $P(A \cap B) = P(A) \cdot P(B)$ (Produktregel für unabhängige Ereignisse).

A und B sind abhängig: $P(A \cap B) \neq P(A) \cdot P(B)$

Laplaceexperimente

Zufallsexperimente mit endlicher Ergebnismenge, bei denen jedes Elementarereignis gleichwahrscheinlich ist, heißen Laplaceexperimente. Sind bei einem Laplaceexperiment insgesamt m Elementarereignisse möglich und besteht ein Ereignis A darin, daß irgendeines von g (für A günstigen) dieser Elementarereignisse auftritt, so ist $P(A) = \frac{g}{m} = \frac{\text{Anzahl der für } A \text{ günstigen Fälle}}{\text{Anzahl der möglichen Fälle}}$.

Kombinatorik

Fakultät: $n! := n(n-1)(n-2) \ldots 3 \cdot 2 \cdot 1$; $\quad 0! := 1, \ 1! := 1, \ n! := n(n-1)!$ für $n \in \mathbb{N}^*$.

STIRLINGsche Formel: $n! = \left(\frac{n}{e}\right)^n \sqrt{2\pi n}\left(1 + \frac{1}{12n} + \frac{1}{288n^2} - \frac{139}{51850n^3} - \ldots\right)$; $\quad n! \approx \sqrt{2\pi n}\left(\frac{n}{e}\right)^n$ für große n.

Binomialkoeffizienten (gelesen: „n über k")

$$\binom{n}{k} := \frac{n(n-1)(n-2)\cdots(n-k+1)}{1 \cdot 2 \cdot 3 \cdots k} \text{ für } 0 < k \le n; \quad \binom{n}{n} := 1, \quad \binom{n}{0} := 1, \quad \binom{0}{0} := 1, \quad \binom{n}{k} := 0 \text{ für } n < k.$$

Eigenschaften der Binomialkoeffizienten

$$\binom{n}{k} = \frac{n!}{k!(n-k)!} = \binom{n}{n-k} = \frac{n}{k}\binom{n-1}{k-1} = \frac{n}{n-k}\binom{n-1}{k} = \binom{n-1}{k-1} + \binom{n-1}{k}$$

$$\binom{n}{n} + \binom{n+1}{n} + \ldots + \binom{n+k}{n} = \binom{n+k+1}{n+1}; \quad \binom{n}{0} + \binom{n}{1} + \binom{n}{2} + \ldots + \binom{n}{n-1} + \binom{n}{n} = 2^n$$

Binomialsatz: Für alle $a, b \in \mathbb{R}$, $n \in \mathbb{N}$ gilt:

$$(a+b)^n = \binom{n}{0} a^n + \binom{n}{1} a^{n-1}b + \binom{n}{2} a^{n-2}b^2 + \ldots + \binom{n}{n-2} a^2b^{n-2} + \binom{n}{n-1} ab^{n-1} + \binom{n}{n} b^n.$$

Multiplikationsregel:

Es seien $A_1, A_2, \ldots, A_k$ Mengen mit $n_1, n_2, \ldots, n_k$ Elementen. Dann besitzt das kartesische Produkt $A_1 \times A_2 \times \ldots \times A_k$ genau $n_1 \cdot n_2 \cdot \ldots \cdot n_k$ Elemente.

Ein Experiment bestehe aus k Teilexperimenten, die unabhängig voneinander ausgeführt werden können. Hat das erste Teilexperiment n_1 mögliche Ausgänge, das zweite n_2 mögliche Ausgänge, ..., das k-te n_k mögliche Ausgänge, so hat das Gesamtexperiment $n_1 \cdot n_2 \cdot \ldots \cdot n_k$ mögliche Ausgänge.

Divisionsregel:

Zerfällt die Menge M von m Elementen in paarweise disjunkte Klassen (elementfremde Teilmengen) von jeweils n Elementen, so ist die Anzahl der Klassen $\frac{m}{n}$.

Permutationen, Variationen, Kombinationen

Zugrunde liegt $A = \{a_1, a_2, \ldots, a_n\}$ mit n (numerierten) Elementen, $n \in \mathbb{N}$.

Permutationen ohne Wiederholung

Anzahl der n-Tupel mit lauter verschiedenen a_i aus A;

Anzahl der Möglichkeiten, eine geordnete Stichprobe (mit Beachtung der Reihenfolge) von n Kugeln aus einer Urne mit n Kugeln ohne Zurücklegen zu ziehen;

Anzahl der bijektiven Abbildungen der Menge A auf sich.

$$P(n) = n! = n \cdot (n-1) \cdot (n-2) \cdot \ldots \cdot 3 \cdot 2 \cdot 1$$

Permutationen mit Wiederholung

Anzahl der k-Tupel, in denen a_i aus A genau k_i mal vorkommt und $k_1 + k_2 + \ldots + k_n = k$ gilt;

Anzahl der k-stelligen Sequenzen mit k_i Zeichen der i-ten Sorte.

$$\overline{P}_k(n) = \frac{k!}{k_1! \cdot k_2! \cdot \ldots \cdot k_n!} \quad \text{mit } k_1 + k_2 + \cdots + k_n = k.$$

Variationen ohne Wiederholung (k-Permutationen ohne Wiederholung)

Anzahl der k-Tupel ($k \le n$) mit lauter verschiedenen Elementen a_i der n-elementigen Menge A;

Anzahl der Möglichkeiten, eine geordnete Stichprobe von k Kugeln aus einer Urne mit n Kugeln ohne Zurücklegen zu ziehen.

$$V_k(n) = n \cdot (n-1) \cdot (n-2) \cdot \ldots \cdot (n-k+1) = \frac{n!}{(n-k)!} = \binom{n}{k} k! \quad \text{für } k \le n.$$

Variationen mit Wiederholung (k-Permutationen mit Wiederholung)

Anzahl der k-Tupel von Elementen a_i der n-elementigen Menge A, wobei Elemente a_i mehrfach vorkommen dürfen.

Anzahl der Möglichkeiten, eine geordnete Stichprobe von k Kugeln aus einer Urne mit n (unterscheidbaren) Kugeln mit Zurücklegen zu ziehen.

$\overline{V}_k(n) = n^k$

k-Kombinationen ohne Wiederholung

Anzahl der Möglichkeiten, aus einer Urne mit n unterscheidbaren Kugeln k Kugeln ohne Zurücklegen und ohne Beachtung der Reihenfolge zu ziehen ($k \leq n$), (die k Kugeln können gleichzeitig gezogen werden);

Anzahl der k-elementigen Teilmengen einer n-elementigen Menge.

$$K_k(n) = \binom{n}{k} = \frac{n\cdot(n-1)\cdot(n-2)\cdot\ldots\cdot(n-k+1)}{1\cdot2\cdot3\cdot\ldots\cdot(k-1)\cdot k} = \frac{n!}{k!\cdot(n-k)!} = \binom{n}{n-k} \quad \text{für } k \leq n.$$

k-Kombinationen mit Wiederholung

Anzahl der Möglichkeiten, aus einer Urne mit n unterscheidbaren Kugeln k Kugeln mit Zurücklegen und ohne Beachtung der Reihenfolge (ungeordnete Stichprobe) zu ziehen (wobei $k > n$ möglich ist);

Anzahl der Möglichkeiten, k gleiche (nicht unterscheidbare) Kugeln auf n unterscheidbare Urnen aufzuteilen, wobei jede Urne beliebig viele Kugeln erhalten kann und $k > n$ möglich ist.

$$\overline{K}_k(n) = \binom{n+k-1}{k} = \binom{n+k-1}{n-1} = \frac{n\cdot(n+1)\cdot(n+2)\cdot\ldots\cdot(n+k-1)}{1\cdot2\cdot3\cdot\ldots\cdot k} = \frac{(n+k-1)!}{k!\cdot(n-1)!}$$

6.3 Zufallsgrößen (Zufallsvariablen)

Es liegt ein Zufallsexperiment mit der endlichen Ergebnismenge $S = \{a_1, a_2, \ldots, a_n\}$, der Ereignismenge $\mathcal{P}(S)$ und der Wahrscheinlichkeitsfunktion P: $\mathcal{P}(S) \to [0; 1]$ vor.

Jede Abbildung X: $S \to \mathbb{R}$ mit $a_i \to X(a_i) = x_j$ heißt eine (diskrete) Zufallsgröße (Zufallsvariable). Dabei ist $i \in \{1, 2, \ldots, n\}$ und $j \in \{1, 2, \ldots, m\}$ mit $m \leq n$. Der Funktionswert x_j heißt Merkmalswert des Ergebnisses a_i. Zufallsgrößen werden mit großen Buchstaben X, Y, ..., die Funktionswerte mit entsprechenden kleinen Buchstaben x, y, ... bezeichnet. $X = x$ bezeichnet die Menge $\{a_k | X(a_k) = x\}$. Die Funktion f: $\mathbb{R} \to [0; 1]$ mit $x \mapsto f(x) = P(X = x)$ heißt die **Wahrscheinlichkeitsfunktion** der Zufallsgröße X. (Der Funktionswert $f(x) = P(X = x)$ gibt die Wahrscheinlichkeit dafür an, daß X den Wert x annimmt.)

Ist die Ergebnismenge nicht endlich, so kann die Menge der möglichen Werte einer Zufallsgröße die Menge $\mathbb{R}$ oder ein Intervall reeller Zahlen sein; dann handelt es sich um eine stetige Zufallsgröße (Zufallsvariable).

Diskrete Verteilung

Wahrscheinlichkeitsfunktion f: $\mathbb{R} \to [0; 1]$

mit $x_j \to f(x_j) = P(X = x_j)$

Es ist $f(x_j) \geqq 0$ für alle x_j

und $f(x_1) + f(x_2) + \ldots + f(x_m) = 1$.

Verteilungsfunktion F: $\mathbb{R} \to [0; 1]$

$$F(x) = P(X \leq x) = \sum_{x_s \leq x} f(x_s)$$

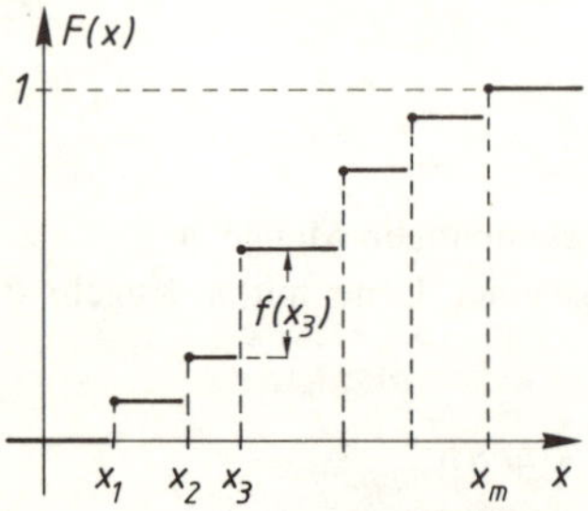

Stetige Verteilung

Dichtefunktion f: $\mathbb{R} \to \mathbb{R}$

f ist (bis auf höchstens endlich viele Stellen) stetig.

Es ist $f(x) \geq 0$ für alle $x \in \mathbb{R}$ und $\displaystyle\int_{-\infty}^{+\infty} f(x)dx = 1$.

Verteilungsfunktion F: $\mathbb{R} \to [0; 1]$

$$F(x) := \int_{-\infty}^{x} f(u)du := \lim_{z \to -\infty} \int_{z}^{x} f(u)du = P(X \leq x).$$

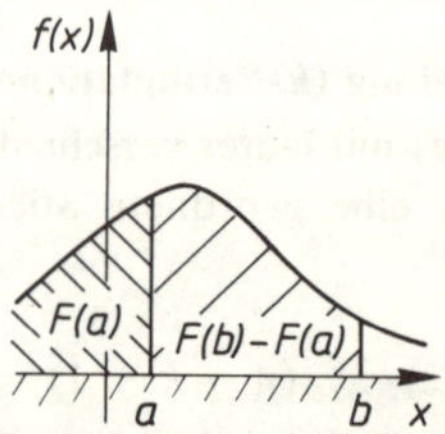

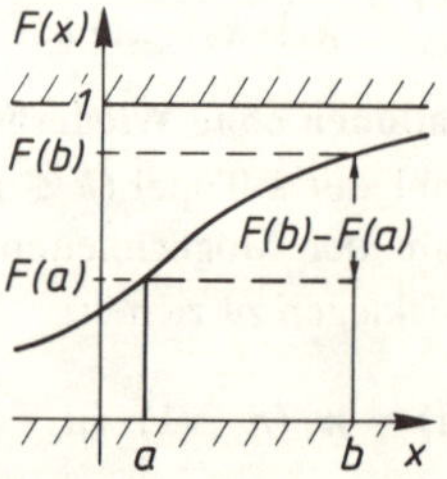

Dichtefunktionen und Verteilungsfunktionen stetiger Zufallsgrößen (Zufallsvariablen)

Dichtefunktion *f*, Wahrscheinlichkeiten

$f(x) = F'(x) \geq 0$ für alle $x \in \mathbb{R}$.

$$\int_{-\infty}^{+\infty} f(u)du = 1$$

$$P(X \leq a) = \int_{-\infty}^{a} f(u)du = F(a)$$

$$P(X > a) = P(X \geq a) = 1 - \int_{-\infty}^{a} f(u)du = 1 - F(a)$$

$$P(a \leq X \leq b) = \int_{a}^{b} f(u)du = F(b) - F(a)$$

$P(X = a) = \int_{a}^{a} f(u)du = 0$ (Jede stetige Zufallsgröße X nimmt jeden festen Wert $a \in \mathbb{R}$ nur mit der Wahrscheinlichkeit 0 an.)

$P(a \leq X \leq b) = P(a < X \leq b) = P(a \leq X < b) = P(a < X < b) = F(b) - F(a)$.

Verteilungsfunktion *F*

F ist monoton nicht abnehmend.

$$\lim_{x \to -\infty} F(x) = 0$$

$$\lim_{x \to +\infty} F(x) = 1$$

x_δ heißt δ-**Quantil,** wenn $F(x_\delta) = \delta$;

$x_m = x_{0,5}$ heißt **Median,** wenn $F(x_m) = 0{,}5$.

Erwartungswert, Varianz, Standardabweichung

Diskrete Verteilung

Erwartungswert $E(X) = \mu$

$$E(X) = x_1 P(X=x_1) + x_2 P(X=x_2) + \ldots + x_m P(X=x_m) = \sum_{j=1}^{m} x_j \cdot P(X=x_j) = \sum_{j=1}^{m} x_j \cdot f(x_j)$$

Varianz $V(X) = \sigma^2$, **Standardabweichung** $\sigma \geq 0$

$$V(X) = (x_1 - \mu)^2 P(X=x_1) + \ldots + (x_m - \mu)^2 P(X=x_m) = \sum_{j=1}^{m} (x_j - \mu)^2 P(X=x_j) = \sum_{j=1}^{m} (x_j - \mu)^2 f(x_j) = E[(X-\mu)^2]$$

Verschiebungssatz

$$V(X) = E(X^2) - [E(X)]^2 = \sum_{j=1}^{m} x_j^2 \cdot f(x_j) - \mu^2$$

Stetige Verteilung

Erwartungswert $E(X) = \mu$

$$E(X) = \int_{-\infty}^{+\infty} x \cdot f(x)dx = \mu,$$

wobei f die Dichtefunktion von X ist. (Nicht zu jeder Dichtefunktion f existiert ein μ.)

Varianz $V(X) = \sigma^2$, **Standardabweichung** $\sigma \geq 0$

$$V(X) = \int_{-\infty}^{+\infty} (x - \mu)^2 f(x)dx = E[(X-\mu)^2]$$

Verschiebungssatz

$$V(X) = E(X^2) - [E(X)]^2 = \int_{-\infty}^{+\infty} x^2 f(x)dx - \mu^2$$

Lineare Transformation der Zufallsgröße (Zufallsvariablen) *X*

Ist X eine Zufallsgröße mit der Menge der Werte $W_X = \{x_1, x_2, \ldots, x_m\}$, so wird durch $Y := aX + b$ mit $a, b \in \mathbb{R}$, $a \neq 0$ eine neue Zufallsgröße Y mit der Menge der Werte $W_Y = \{y_j | y_j = ax_j + b; x_j \in W_X\}$ definiert.

Erwartungswert: $E(aX + b) = aE(X) + b$ **Varianz:** $V(aX + b) = a^2 V(X)$

Eine Zufallsgröße Z heißt **standardisiert,** wenn sie zentriert $(E(Z) = 0)$ und normiert $(V(Z) = 1)$ ist.

Standardisieren einer Zufallsgröße *X*

Ist X eine Zufallsgröße mit dem Erwartungswert $E(X) = \mu$ und der Standardabweichung σ, so ist die Zufallsgröße $Z = \dfrac{X - \mu}{\sigma}$ standardisiert: $E(Z) = 0$ und $V(Z) = 1$.

Unabhängige Zufallsgrößen (Zufallsvariable), Summe von Zufallsgrößen (Zufallsvariablen)

Zugrunde liegt ein Zufallsexperiment mit der endlichen Ergebnismenge $S = \{a_1, a_2, \ldots, a_n\}$ und der Wahrscheinlichkeitsfunktion P.

Es seien $X\colon S \to \mathbb{R}$ mit $a_i \mapsto X(a_i) = x_j$ $(j \in \{1, 2, \ldots, m\};\ i \in \{1, 2, \ldots, n\};\ m \leq n)$
und $Y\colon S \to \mathbb{R}$ mit $a_i \mapsto Y(a_i) = y_k$ $(k \in \{1, 2, \ldots, p\};\ i \in \{1, 2, \ldots, n\};\ p \leq n)$ zwei Zufallsgrößen.

Jedem Ergebnis $a_i \in S$ wird so ein geordnetes Zahlenpaar (x_j, y_k) zugeordnet:
$P(X = x_j;\ Y = y_k) = P(\{a_i |\ a_i \in S \text{ und } X(a_i) = x_j \text{ und } Y(a_i) = y_k\})$.
Die Zufallsvariablen X und Y heißen dann und nur dann (stochastisch) **unabhängig,** wenn für alle (x_j, y_k) gilt:
$P(X = x_j;\ Y = y_k) = P(X = x_j) \cdot P(Y = y_k)$.

Summen von Zufallsgrößen (Zufallsvariablen)
Unter der Summe $X + Y$ der beiden Zufallsgrößen X und Y versteht man die Abbildung $S \times S \to \mathbb{R}$ mit
$(X + Y)[(a_i, a_l)] = X(a_i) + Y(a_l) = x_j + y_s$, wenn $X(a_i) = x_j$ und $Y(a_l) = y_s$.

Erwartungswert: $E(X + Y) = E(X) + E(Y)$ für alle Zufallsgrößen X, Y.

Varianz: $V(X + Y) = V(X) + V(Y) + 2[E(X \cdot Y) - E(X)E(Y)]$ für alle Zufallsgrößen X, Y.
$V(X + Y) = V(X) + V(Y)$ nur für unabhängige Zufallsgrößen X, Y.

Erwartungswert und Varianz des arithmetischen Mittels
Sind $X_1, X_2, \ldots, X_n$ (stochastisch) unabhängige Zufallsgrößen (Zufallsvariable), die alle die gleiche Verteilungsfunktion mit dem Erwartungswert μ und der Varianz σ^2 haben, so hat die Zufallsgröße (Zufallsvariable) $\overline{X} = \frac{1}{n}(X_1 + X_2 + \ldots + X_n)$ den Erwartungswert $E(\overline{X}) = \mu$ und die Varianz $V(\overline{X}) = \frac{1}{n^2} \cdot n\sigma^2 = \frac{\sigma^2}{n}$.

Ungleichung von Tschebyscheff (Tschebyschow)

Hat die Zufallsgröße X irgendeine Verteilungsfunktion mit dem Erwartungswert μ und der Varianz σ^2, so gilt für jedes $c > 0$:

$$P(|X - \mu| \geq c) \leq \frac{\sigma^2}{c^2}\,; \quad P(|X - \mu| \geq z\sigma) \leq \frac{1}{z^2}\,;$$

$$P(|X - \mu| < c) \geq 1 - \frac{\sigma^2}{c^2}\,; \quad P(\mu - c < X < \mu + c) \geq 1 - \frac{\sigma^2}{c^2}\,; \quad P(|X - \mu| < z\sigma) \geq 1 - \frac{1}{z^2}\,.$$

Ungleichung von Tschebyscheff für Binomialverteilungen
Ist X eine Zufallsgröße, die mit n und p binomialverteilt ist, so gilt für die relative Häufigkeit $H = \frac{X}{n}$ für jedes $c > 0$: $P(|H - p| \geq c) \leq \frac{pq}{n \cdot c^2} \leq \frac{1}{4n \cdot c^2}$ und $P(|H - p| < c) \geq 1 - \frac{pq}{n \cdot c^2} \geq 1 - \frac{1}{4n \cdot c^2}$.

6.4 Spezielle Verteilungen

Diskrete Gleichverteilung der Zufallsgröße (Zufallsvariablen) X

Es gibt n verschiedene Stellen $x_1, x_2, \ldots, x_n \in \mathbb{R}$ mit

$P(X = x_i) = \frac{1}{n}$ für alle $i \in \{1, 2. \ldots, n\}$,

$P(X = x) = 0$ für alle $x \neq x_i$.

Beispielsweise läßt sich das Werfen eines idealen Würfels (Laplacewürfels) mit Feststellung der Augenzahl durch eine solche Verteilung erfassen.

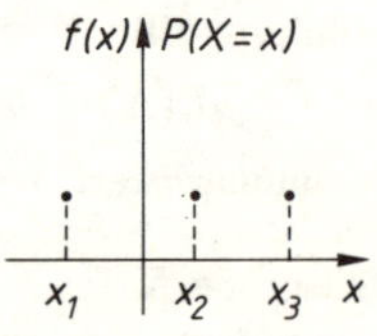

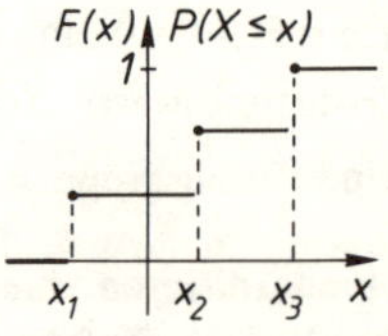

Im Sonderfall $x_1 = 1, x_2 = 2, \ldots, x_n = n$ ist $E(X) = \frac{n + 1}{2}$, $V(X) = \frac{n^2 - 1}{12}$.

Hypergeometrische Verteilung

Einer Urne mit M weißen und $N-M$ schwarzen Kugeln werden ohne Zurücklegen (auf einmal) n Kugeln entnommen. Die Zufallsgröße X gibt die Anzahl k der gezogenen weißen Kugeln an.

Wahrscheinlichkeitsfunktion

$$k \mapsto P(X = k) := f_H(k;n,M,N) = H(k;n,M,N) = \frac{\binom{M}{k}\binom{N-M}{n-k}}{\binom{N}{n}} \quad \text{mit } 0 \leq k \leq \min(n,N) \text{ und } n \leq N.$$

Die Zufallsgröße (Zufallsvariable) X heißt hypergeometrisch verteilt mit dem Index n und den Parametern N und M.

Erwartungswert: $E(X) = n \cdot \frac{M}{N} = np$ mit $p = \frac{M}{N}$; Varianz $V(X) = npq \cdot \frac{N-n}{N-1}$ mit $p = \frac{M}{N}$ und $q = 1 - p$.

Die hypergeometrische Verteilung wird für $N \gg n$ durch eine Binomialverteilung approximiert.

Binomialverteilung

Einer Urne mit w weißen und $N-w$ schwarzen Kugeln werden nacheinander mit Zurücklegen n Kugeln entnommen. Die Zufallsgröße X gibt die Anzahl k der gezogenen weißen Kugeln an (Anzahl der Treffer).

Wahrscheinlichkeitsfunktion

$$f_B\colon k \mapsto P(X = k) := f_B(k;n,p) = B(k;n,p) = \binom{n}{k} p^k q^{n-k} \text{ mit } p = \frac{w}{N} \text{ und } q = 1 - p \text{ für } k \in \{0, 1, \ldots, n\}.$$

Erwartungswert $E(X) = \mu = np$; Varianz $V(X) = \sigma^2 = npq$ mit $q = 1 - p$.

BERNOULLIexperiment

Ein Zufallsexperiment heißt BERNOULLIexperiment, wenn nur interessiert, ob ein Ereignis A (Erfolg, Treffer) oder ob das Gegenereignis $\overline{A}$ (Mißerfolg, Niete) eingetroffen ist: $P(A) = p$, $P(\overline{A}) = 1 - p = q$.

BERNOULLIkette vom Umfang (von der Länge) n

Das obige BERNOULLIexperiment wird n mal unabhängig hintereinander ausgeführt. Bezeichnet die Zufallsgröße (Zufallsvariable) X_i das Ergebnis des Experimentes bei der i-ten Durchführung (Mißerfolg $x_i = 0$, Erfolg $x_i = 1$), so gibt die Zufallsgröße $X := X_1 + X_2 + \ldots + X_n$ an, wie oft Erfolg bei den n Experimenten eintritt. Die Zufallsgröße X beschreibt die Anzahl der Treffer.

X ist binomialverteilt mit dem Index n und dem Erfolgsparameter (der Trefferwahrscheinlichkeit) p:

$$P(X = k) = f_B(k;n,\mathrm{p}) = B(k;n,p) = \binom{n}{k} p^k (1-p)^{n-k} = \binom{n}{k} p^k q^{n-k} \text{ mit } q = 1-p \text{ für } k \in \{0, 1, \ldots, n\}.$$

Wahrscheinlichste Trefferanzahl k_0: $P(X = k_0) \geq P(X = k)$ für alle $k \neq k_0$.

Ist $np - q$ nicht ganzzahlig, so gibt es ein einziges k_0, welches durch $np - q < k_0 < np + p$ bestimmt ist.

Ist $np - q$ ganzzahlig, so nimmt f_B an den Stellen $k_1 = np - q$ und $k_2 = k_1 + 1 = np + p$ den gleichen maximalen Wert an.

Verteilungsfunktion der Binomialverteilung

$$F_B\colon k \mapsto P(X \leq k) = F_B(k;n,p) = \sum_{i=0}^{k} f_B(i;n,p).$$

Ermittlung von Wahrscheinlichkeiten:

$P(X > k) = 1 - F_B(k;n,p)$,

$P(k_1 < X \leq k_2) = F_B(k_2;n,p) - F_B(k_1;n,p)$,

$P(k_1 \leq X \leq k_2) = F_B(k_2;n,p) - F_B(k_1 - 1;n,p)$,

$P(X = k) = f_B(k;n,p) = F_B(k;n,p) - F_B(k-1;n,p)$.

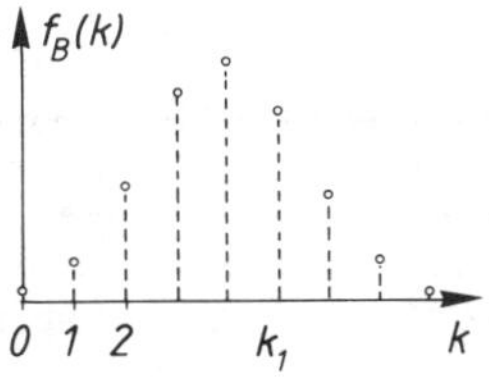

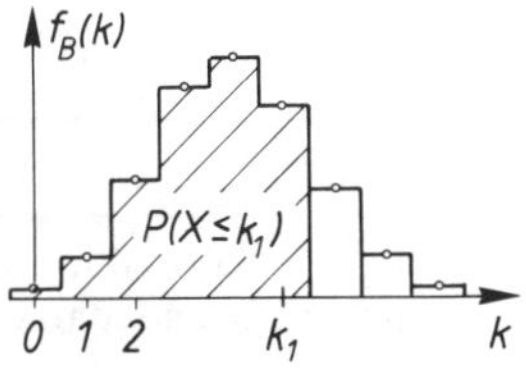

Rekursionsformel: $f_B(0;n,p) = q^n$, $f_B(k+1;n,p) = \frac{p(n-k)}{q(k+1)} f_B(k;n,p)$.

Beziehungen zur Umrechnung: $f_B(k;n,p) = f_B(n-k;n,1-p)$; $F_B(k;n,p) = 1 - F_B(n-k-1;n,1-p)$

Logarithmische Berechnung: $\lg f_B(k;n,p) = \lg n! - \lg k! - \lg (n-k)! + k \cdot \lg p + (n-k) \cdot \lg (1-p)$

Im Tabellenwerk findet man auf den Seiten 22 bis 37 Werte von f_B und von F_B.

Approximation einer Binomialverteilung durch eine Normalverteilung

Eine Zufallsgröße X, die einer Binomialverteilung mit dem Index n und dem Erfolgsparameter p genügt, ist näherungsweise normalverteilt mit dem Erwartungswert $\mu = np$ und der Varianz $\sigma^2 = npq$. Die Näherung ist um so besser, je größer der Index n ist und je näher p beim Wert 0,5 liegt.

Faustregel: Ist $npq \geq 9$, so ist gute Näherung durch die Normalverteilung zu erwarten.

Lokale Näherung (Werte für φ findet man im Tabellenwerk auf der Seite 40):

$$P(X = k) = f_B(k;n,p) \approx \frac{1}{\sigma}\varphi(z) \quad \text{mit } z = \frac{k - np}{\sigma}, \ \sigma = \sqrt{npq}.$$

Globale Näherung (ohne Kontinuitätskorrektur; Werte für Φ findet man im Tabellenwerk auf den Seiten 41 bis 46):

$$P(k_1 < X \leq k_2) = F_B(k_2;n,p) - F_B(k_1;n,p) \approx \Phi(\bar{z}_2) - \Phi(\bar{z}_1) \text{ mit } \bar{z}_2 = \frac{k_2 - np}{\sigma}; \ \bar{z}_1 = \frac{k_1 - np}{\sigma}; \ \sigma = \sqrt{npq}.$$

Der auftretende Approximationsfehler kann häufig dadurch verringert werden, daß man die **Kontinuitätskorrektur** (Stetigkeitskorrektor) vornimmt (Werte für Φ findet man im Tabellenwerk auf den Seiten 41 bis 46):

$$P(k_1 < X \leq k_2) = F_B(k_2;n,p) - F_B(k_1;n,p) \approx \Phi(z_2) - \Phi(z_1) \text{ mit } z_2 = \frac{k_2 + 0{,}5 - np}{\sigma}, \ z_1 = \frac{k_1 + 0{,}5 - np}{\sigma}, \ \sigma = \sqrt{npq}.$$

$$P(k_1 \leq X \leq k_2) = F_B(k_2;n,p) - F_B(k_1 - 1;n,p) \approx \Phi(z_2) - \Phi(\bar{z}_1) \text{ mit } z_2 = \frac{k_2 + 0{,}5 - np}{\sigma}, \ \bar{z}_1 = \frac{k_1 - 0{,}5 - np}{\sigma}, \ \sigma = \sqrt{npq}.$$

$$P(X \leq k) \approx \Phi(z) \text{ mit } z = \frac{k + 0{,}5 - np}{\sigma}, \ \sigma = \sqrt{npq}; \quad P(X < k) \approx \Phi(\bar{z}) \text{ mit } \bar{z} = \frac{k - 0{,}5 - np}{\sigma}, \ \sigma = \sqrt{npq}.$$

POISSONverteilung

Eine diskrete Zufallsgröße (Zufallsvariable) X mit der Wahrscheinlichkeitsfunktion

$$k \mapsto P(X = k) := f_P(k;\lambda) = \frac{\lambda^k}{k!}e^{-\lambda} \text{ für } k \in \mathbb{N} \text{ und der Verteilungsfunktion } F_P \text{ mit } k \mapsto F_P(k;\lambda) = \sum_{i=0}^{k} f_P(i;\lambda)$$

heißt POISSON-verteilt mit dem Parameter $\lambda > 0$.

Erwartungswert $E(X) = \lambda$, Varianz $V(X) = \lambda$.

Rekursionsformeln: $f_p(0;\lambda) = e^{-\lambda}$; $f_p(k+1;\lambda) = f_p(k;\lambda)\frac{\lambda}{k+1}$.

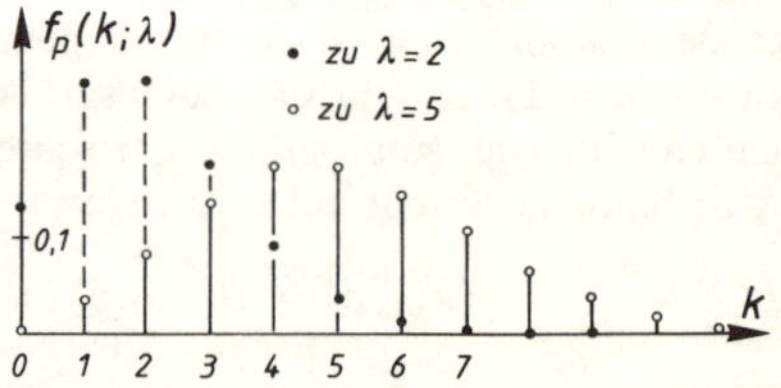

Approximation einer Binomialverteilung durch eine POISSONverteilung

Ist p sehr klein, n groß (Faustregel $p \leq 0{,}1$, $n \geq 30$), so ist eine POISSONverteilung eine gute Näherung für eine Binomialverteilung

$$f_B(k;n,p) \approx \frac{\lambda^k}{k!}e^{-\lambda} = f_P(k;\lambda) = F_p(k;\lambda) - F_P(k-1;\lambda) \text{ mit } \lambda = np.$$

Verteilung seltener Ereignisse

Ein seltenes Ereignis soll sich im Laufe der Zeit unabhängig wiederholen können; in der Zeiteinheit soll es im Mittel λ-mal, in einer Zeitspanne der Länge t_0 im Mittel $m = \lambda t_0$-mal auftreten. Die Zufallsgröße X gibt die Anzahl des Eintretens in der Zeitspanne t_0 an. $P(X = k)$ sei nur von der Länge t_0 der Zeitspanne, nicht aber von ihrer Lage auf der Zeitachse abhängig.

Dann gilt näherungsweise $P(X = k) = \frac{m^k}{k!}e^{-m} = f_P(k;m)$.

Normalverteilung

Eine stetige Zufallsgröße (Zufallsvariable) X heißt $N(\mu,\sigma^2)$-verteilt (normalverteilt mit den Parametern Erwartungswert μ und Varianz σ^2), wenn X die folgende Dichtefunktion f_N besitzt:

$$f_N\colon x \mapsto f_N(x;\mu,\sigma^2) := \frac{1}{\sigma\sqrt{2\pi}} e^{-\frac{1}{2}\left(\frac{x-\mu}{\sigma}\right)^2} \quad \text{für } x \in \mathbb{R}.$$

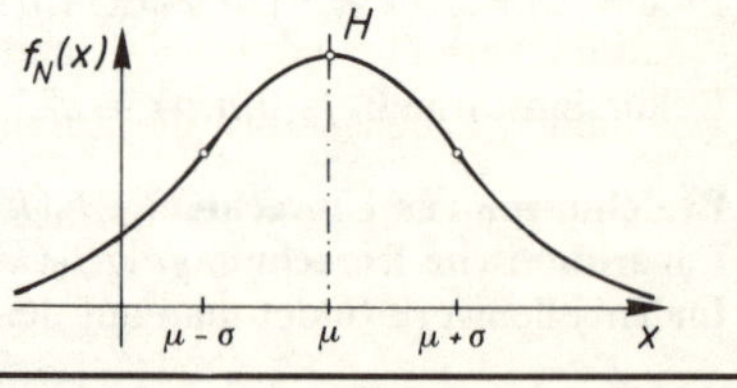

Der Graph von f_N hat an der Stelle $x_1 = \mu$ einen Hochpunkt H und an den Stellen $x_2 = \mu - \sigma$ und $x_3 = \mu + \sigma$ Wendepunkte. Die Parallele zur y-Achse durch H ist Symmetrieachse.

Standardisierte Normalverteilung

Werte für φ bzw. Φ findet man im Tabellenwerk auf den Seiten 40 bis 46.
Ist X eine $N(\mu,\sigma^2)$-verteilte Zufallsgröße, so ist die standardisierte Zufallsgröße $Z = \frac{X-\mu}{\sigma}$ stets $N(0;1)$-verteilt (normalverteilt mit dem Erwartungswert 0 und der Varianz 1).

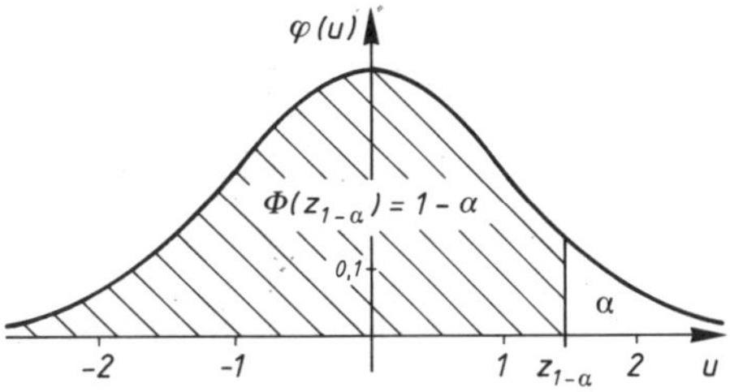

Dichtefunktion φ der standardisierten Zufallsgröße Z:

$$\varphi\colon z \mapsto \varphi(z) = \frac{1}{\sqrt{2\pi}} e^{-0{,}5z^2} \quad \text{für } z \in \mathbb{R}.$$

Verteilungsfunktion Φ der standardisierten Zufallsgröße Z:

$$\Phi\colon z \mapsto \Phi(z) = P(Z \leq z) = \int_{-\infty}^{z} \varphi(u)\,du \quad \text{für } z \in \mathbb{R}.$$

Eigenschaften:

$\Phi(-z) = 1 - \Phi(z)$; $\Phi(z) - \Phi(-z) = 2\Phi(z) - 1$.

Wahrscheinlichkeiten bei einer $N(\mu,\sigma^2)$-verteilten Zufallsgröße (Zufallsvariablen) X:

$$P(X \leq x) = F_N(x;\mu,\sigma^2) = \Phi\left(\frac{x-\mu}{\sigma}\right); \quad P(X = x) = 0 \quad \text{für alle } x \in \mathbb{R}.$$

$$P(X \leq a) = P(X < a) = F_N(a) = \Phi\left(\frac{a-\mu}{\sigma}\right); \quad P(X \geq a) = P(X > a) = 1 - F_N(a) = 1 - \Phi\left(\frac{a-\mu}{\sigma}\right).$$

$$P(a \leq X \leq b) = P(a < X < b) = F_N(b) - F_N(a) = \Phi\left(\frac{b-\mu}{\sigma}\right) - \Phi\left(\frac{a-\mu}{\sigma}\right).$$

$$P(|X-\mu| \geq c) = 2\left[1 - \Phi\left(\frac{c}{\sigma}\right)\right] \text{ für } c \geq 0; \quad P(|X-\mu| \leq c) = 2\Phi\left(\frac{c}{\sigma}\right) - 1 \text{ für } c \geq 0.$$

$$P(\mu - z\sigma \leq X \leq \mu + z\sigma) = 2\Phi(z) - 1.$$

Speziell:
$P(\mu - \sigma \leq X \leq \mu + \sigma) \approx 68{,}3\%$,
$P(\mu - 2\sigma \leq X \leq \mu + 2\sigma) \approx 95{,}4\%$,
$P(\mu - 3\sigma \leq X \leq \mu + 3\sigma) \approx 99{,}7\%$.

Additionssatz

Sind die (stochastisch) unabhängigen Zufallsgrößen $X_1, X_2, \ldots, X_n$ normalverteilt mit den Erwartungswerten $E(X_i) = \mu_i$ und den Varianzen $V(X_i) = \sigma_i^2$ $(i \in \{1,2,\ldots,n\})$, so ist die Zufallsgröße $X = a_0 + a_1X_1 + a_2X_2 + \ldots + a_nX_n$ $(a_i \in \mathbb{R})$ normalverteilt mit dem Erwartungswert $E(X) = \mu = a_0 + a_1\mu_1 + \ldots + a_n\mu_n$ und der Varianz $V(X) = \sigma^2 = a_1^2\sigma_1^2 + a_2^2\sigma_2^2 + \ldots + a_n^2\sigma_n^2$.

Verteilung des arithmetischen Mittels

Sind die (stochastisch) unabhängigen Zufallsgrößen $X_1, X_2, \ldots, X_n$ jeweils $N(\mu,\sigma^2)$-verteilt, so ist die Zufallsgröße $\overline{X} = \frac{1}{n}(X_1 + X_2 + \ldots, X_n)$ stets $N(\bar{\mu},\bar{\sigma}^2)$-verteilt mit $\bar{\mu} = \mu$ und $\bar{\sigma}^2 = \frac{\sigma^2}{n}$.

Zentraler Grenzwertsatz

Sind $X_1, X_2 \ldots, X_n$ (stochastisch) unabhängige (nicht notwendig normalverteilte) Zufallsgrößen mit den Erwartungswerten $E(X_i) = \mu_i$ und den Varianzen $V(X_i) = \sigma_i^2$ $(i \in \{1, 2, \ldots, n\})$, so ist unter sehr schwachen weiteren Bedingungen die Zufallsgröße $X = X_1 + X_2 + \ldots + X_n$ für große n näherungsweise normalverteilt mit dem Erwartungswert $E(X) = \mu = \mu_1 + \mu_2 + \ldots + \mu_n$ und der Varianz $V(X) = \sigma^2 = \sigma_1^2 + \sigma_2^2 + \ldots + \sigma_n^2$. Daher ist $P(X \leq x) \approx \Phi\left(\frac{x-\mu}{\sigma}\right)$.

Folgerung für die Verteilungsfunktion des arithmetischen Mittels:

Sind $X_1, X_2, \ldots, X_n$ (stochastisch) unabhängige (nicht notwendig normalverteilte) Zufallsgrößen, welche identisch verteilt sind (die gleiche Verteilungsfunktion mit dem Erwartungswert μ und der Standardabweichung σ haben), so ist die Zufallsgröße $\overline{X} = \frac{1}{n}(X_1 + X_2 + \ldots + X_{n-1} + X_n)$ für große n näherungsweise (asymptotisch für $n \to \infty$) normalverteilt mit dem Erwartungswert $\bar{\mu} = \mu$ und der Varianz $\bar{\sigma}^2 = \frac{\sigma^2}{n}$.

Daher ist $P(\overline{X} \leq \bar{x}) \approx \Phi\left(\frac{\bar{x}-\mu}{\sigma} \cdot \sqrt{n}\right)$.

6.5 Beurteilende Statistik

Testen von Hypothesen

Eine Stichprobe liefert Werte $x_1, x_2, \ldots, x_n$ aus einer Grundgesamtheit. Mit diesen Werten soll eine Hypothese über einen unbekannten Parameter der Grundgesamtheit geprüft werden.

Man möchte zwischen zwei sich gegenseitig ausschließenden Annahmen entscheiden:
Nullhypothese H_0 gegen die Alternativhypothese (Alternative) H_1.

Getestet wird, ob auf Grund der Stichprobenwerte die Nullhypothese H_0 verworfen werden muß.

Zunächst wird eine kleine Wahrscheinlichkeit α auf Grund praktischer Erwägungen (5%, 2%, 1%, 0,1%, ...) ausgewählt und fest vorgegeben, wobei α das **Signifikanzniveau** (die Irrtumswahrscheinlichkeit) und $1 - \alpha$ die **Sicherheitswahrscheinlichkeit** (Annahmewahrscheinlichkeit) heißen. Danach wird der Verwerfungsbereich (Ablehnungsbereich, kritische Bereich) so bestimmt, daß die Testgröße dann, wenn die Nullhypothese H_0 wahr ist, höchstens mit der Wahrscheinlichkeit α einen Wert aus dem Verwerfungsbereich annimmt.

Entscheidungsregel: Fällt der aus den Stichprobenwerten gewonnene Wert der Testgröße in den Verwerfungsbereich, so lehnt man H_0 ab und sagt: „Die Abweichung der Beobachtung von der Nullhypothese ist auf dem Niveau α signifikant (statistisch gesichert).“ Fällt der Wert der Testgröße nicht in den Verwerfungsbereich, so wird H_0 beibehalten: *„H_0 ist nicht widerlegt“*.

Fehler 1. Art: H_0 wird verworfen (abgelehnt), obwohl H_0 wahr ist.

Fehler 2. Art: H_0 wird nicht verworfen (nicht abgelehnt), obwohl H_0 falsch ist.

Die Wahrscheinlichkeit für einen Fehler 2. Art heißt auch Risiko 2. Art.

Qualitätskontrolle (Binomialverteilung)

In einer Grundgesamtheit von N Objekten ist ein Objekt mit der unbekannten Wahrscheinlichkeit p defekt. Es wird eine Stichprobe vom Umfang n mit Zurücklegen genommen und dabei wird k-mal defekt festgestellt. Man denkt sich, daß sehr oft eine Stichprobe vom Umfang n genommen wird. Die Zufallsvariable K beschreibe die Anzahl der defekten. K ist binomialverteilt mit dem Index n und dem Parameter p.

Einseitiger Test (rechtsseitig)

Nullhypothese H_0: $p \leq p_0$. Alternativhypothese (Alternative) H_1: $p > p_0$.
Das Signifikanzniveau α wird fest vorgegeben und danach der Verwerfungsbereich $\{c, c+1, \ldots, n\}$ so bestimmt, daß $P_{p_0}(k \in \{c, c+1, \ldots, n\}) = \sum_{i=c}^{n} \binom{n}{i} p_0^i (1-p_0)^{n-i} = \sum_{i=c}^{n} f_B(i;n,p_0) = 1 - F_B(c-1;n,p_0) \leq \alpha$ ist.

Dabei ist die kleinste natürliche Zahl c gesucht, die dieser Forderung genügt (Tabellenwerk, Seiten 26 bis 37).
Entscheidungsregel: Ist die Testgröße k ein Element von $\{0, 1, 2, \ldots, c-1\}$, so wird H_0 beibehalten; ist k ein Element des Verwerfungsbereichs $\{c, c+1, \ldots, n\}$, so wird H_0 abgelehnt und H_1 angenommen.

Gütefunktion g: $p \mapsto g(p) = P_p(k \in \{c, c+1, \ldots, n\})$. Der Funktionswert $g(p)$ gibt die Wahrscheinlichkeit dafür an, daß k in den Verwerfungsbereich fällt, falls ein Objekt mit der Wahrscheinlichkeit p defekt ist.

$g(p) = \sum_{i=c}^{n} \binom{n}{i} p^i (1-p)^{n-i} = \sum_{i=c}^{n} f_B(i;n,p) = 1 - F_B(c-1;n,p)$; g ist streng monoton steigend.

Die Wahrscheinlichkeit für einen Fehler 1. Art ist höchstens $\alpha = \max_{p \leq p_0} g(p) = g(p_0) = 1 - F_B(c-1;n,p_0)$.

Falls ein Objekt tatsächlich mit der Wahrscheinlichkeit p_1 mit $p_1 > p_0$ defekt ist, begeht man einen Fehler 2. Art mit der Wahrscheinlichkeit $\beta = 1 - g(p_1) = F_B(c-1;\, n,\, p_1)$.

Approximation durch eine Normalverteilung

Bei großem n (Faustregel: $np_0(1-p_0) \geq 9$) ist die Zufallsgröße $Z = \frac{K - np_0}{\sqrt{np_0(1-p_0)}}$ näherungsweise standardisiert normalverteilt. Z kann als Testgröße gewählt werden.

Verwerfungsbereich: $\{z \mid z > z_{1-\alpha}\}$, wobei das $(1-\alpha)$-Quantil $z_{1-\alpha}$ der standardisierten Normalverteilung durch $\Phi(z_{1-\alpha}) = 1 - \alpha$ festgelegt wird (Tabellenwerk Seiten 41 bis 46 oder direkt aus der Seite 46).

Einseitiger Test (linksseitig)

Nullhypothese H_0: $p \geq p_0$. Alternativhypothese (Alternative) H_1: $p < p_0$.
Der Verwerfungsbereich $\{0, 1, \ldots, c\}$ wird mit einer möglichst großen natürlichen Zahl c so bestimmt, daß

$$P_{p_0}(k \in \{0, 1, \ldots, c\}) = \sum_{i=0}^{c} \binom{n}{i} p_0^i (1 - p_0)^{n-i} = \sum_{i=0}^{c} f_B(i;n,p_0) = F_B(c;n,p_0) \leq \alpha \text{ ist.}$$

Approximation durch eine Normalverteilung: Verwerfungsbereich: $\{z \mid z < -z_{1-\alpha}\}$.

Zweiseitiger Test

Nullhypothese H_0: $p = p_0$. Alternativhypothese (Alternative) H_1: $p \neq p_0$.
Verwerfungsbereich: $\{0, 1, \ldots, c_1\} \cup \{c_2, c_2+1, \ldots, n\}$.

Zu vorgegebenem Signifikanzniveau α (vorgegebener Sicherheitswahrscheinlichkeit $1 - \alpha$) werden natürliche Zahlen c_1 möglichst groß und c_2 möglichst klein so bestimmt, daß gelten:

$$P(k \in \{0, 1, \ldots, c_1\}) = \sum_{i=0}^{c_1} \binom{n}{i} p_0^i(1-p_0)^{n-i} = F_B(c_1;n,p_0) \leq \frac{\alpha}{2}$$

und

$$P(k \in \{c_2, c_2+1, \ldots, n\}) = \sum_{i=c_2}^{n} \binom{n}{i} p_0^i(1-p_0)^{n-i} = 1 - F_B(c_2-1;n,p_0) \leq \frac{\alpha}{2}$$

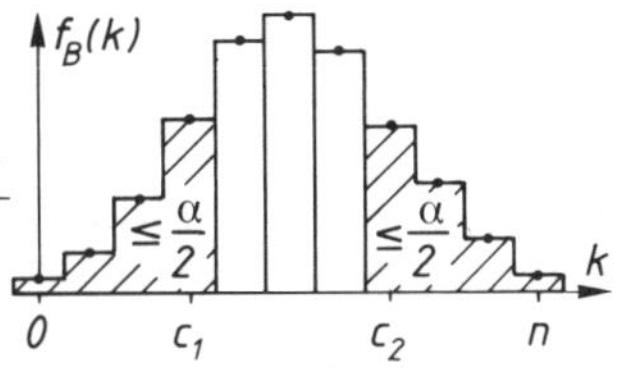

(Tabellenwerk Seiten 26 bis 37)

Approximation durch eine Normalverteilung

Bei großem n (Faustregel: $np_0(1-p_0) \geq 9$) ist $Z = \dfrac{K - np_0}{\sqrt{np_0(1-p_0)}}$ näherungsweise standardisiert normalverteilt.

Verwerfungsbereich: $\{z \mid |z| > z_{1-0,5\alpha}\}$, wobei das $(1-0{,}5\alpha)$-Quantil der standardisierten Normalverteilung durch $\Phi(z_{1-0,5\alpha}) = 1 - 0{,}5\alpha$ festgelegt ist (Tabellenwerk Seiten 41 bis 46 oder direkt Seite 46).

Signifikanztest für den Erwartungswert

X sei eine Zufallsgröße mit der bekannten Varianz σ^2 und dem unbekannten Erwartungswert μ. Man nimmt eine Stichprobe $x_1, x_2, \ldots, x_n$ vom Umfang n und berechnet das arithmetische Mittel $\bar{x} = \frac{1}{n}(x_1 + x_2 + \ldots + x_n)$.
Ist X normalverteilt, so ist die Zufallsgröße $\overline{X} = \frac{1}{n}(X + X + \ldots + X)$ normalverteilt mit dem Erwartungswert $E(\overline{X}) = \mu$ und der Varianz $V(\overline{X}) = \frac{\sigma^2}{n}$. Die Testgröße $\frac{\overline{X}-\mu}{\sigma} \cdot \sqrt{n}$ ist standardisiert normalverteilt.
Ist X nicht normalverteilt, aber n genügend groß (Faustregel: $n \geq 100$), so wird die Verteilung von $\overline{X}$ durch eine Normalverteilung mit dem Erwartungswert μ und der Varianz $\frac{\sigma^2}{n}$ gut approximiert.

Test ist	H_0	H_1	Verwerfungsbereich	H_0 wird genau dann verworfen, wenn
linksseitig	$\mu \geq \mu_0$	$\mu < \mu_0$	$\left\{\bar{x} \,\middle\|\, \frac{\bar{x}-\mu_0}{\sigma}\sqrt{n} < -z_{1-\alpha}\right\}$	$\bar{x} < \mu_0 - \frac{\sigma}{\sqrt{n}} z_{1-\alpha}$
rechtsseitig	$\mu \leq \mu_0$	$\mu > \mu_0$	$\left\{\bar{x} \,\middle\|\, \frac{\bar{x}-\mu_0}{\sigma}\sqrt{n} > z_{1-\alpha}\right\}$	$\bar{x} > \mu_0 + \frac{\sigma}{\sqrt{n}} z_{1-\alpha}$
zweiseitig	$\mu = \mu_0$	$\mu \neq \mu_0$	$\left\{\bar{x} \,\middle\|\, \left\|\frac{\bar{x}-\mu_0}{\sigma}\sqrt{n}\right\| > z_{1-0,5\alpha}\right\}$	$\bar{x} < \mu_0 - \frac{\sigma}{\sqrt{n}} z_{1-0,5\alpha}$ oder $\bar{x} > \mu_0 + \frac{\sigma}{\sqrt{n}} z_{1-0,5\alpha}$

Vorgegeben wird die Sicherheitswahrscheinlichkeit $1 - \alpha$ beziehungsweise das Signifikanzniveau α.
Das $(1-\alpha)$-Quantil $z_{1-\alpha}$ der standardisierten Normalverteilung ist durch $\Phi(z_{1-\alpha}) = 1 - \alpha$ festgelegt; analog gilt $\Phi(z_{1-0,5\alpha}) = 1 - 0{,}5\alpha$ (Tabellenwerk Seiten 41 bis 46 oder direkt Seite 46).

Vertrauensintervalle (Vertrauensbereiche, Konfidenzintervalle)

Vertrauensintervall für den Erwartungswert (Normalverteilung mit bekannter Varianz)
Es sei $x_1, x_2, \ldots, x_n$ eine Stichprobe aus einer normalverteilten Grundgesamtheit mit unbekanntem Erwartungswert $E(X) = \mu$ und bekannter Varianz $V(X) = \sigma^2$. μ wird durch den arithmetischen Mittelwert $\bar{x} = \frac{1}{n}(x_1 + x_2 + \ldots + x_n)$ der Stichprobenwerte geschätzt. Die Meßwerte $x_1, x_2, \ldots, x_n$ können als Realisationen von n unabhängigen $N(\mu,\sigma^2)$-verteilten Zufallsgrößen X_i angesehen werden. Die Schätzgröße $\overline{X} = \frac{1}{n}(X_1 + X_2 + \ldots + X_n)$ ist normalverteilt mit dem Erwartungswert $E(\overline{X}) = \mu$ und der Varianz $V(\overline{X}) = \frac{\sigma^2}{n}$.

Zu vorgegebener Sicherheitswahrscheinlichkeit (Konfidenzzahl) $\gamma = 1 - \alpha$ heißt das Intervall $[\bar{x} - c; \bar{x} + c]$ Vertrauensintervall für den Erwartungswert μ, wenn $[\bar{x} - c; \bar{x} + c]$ den Wert μ mit der Wahrscheinlichkeit $1 - \alpha$ enthält: $P\left(\bar{x} - \frac{\sigma}{\sqrt{n}}\bar{z} \leq \mu \leq \bar{x} + \frac{\sigma}{\sqrt{n}}\bar{z}\right) = P\left(-\bar{z} \leq \sqrt{n}\,\frac{\bar{x}-\mu}{\sigma} \leq \bar{z}\right) = 2\Phi(\bar{z}) - 1 = 1 - \alpha$, wenn $\Phi(\bar{z}) = 1 - \frac{\alpha}{2}$.

Vertrauensintervall: $\left[\bar{x} - \frac{\sigma}{\sqrt{n}}\bar{z};\ \bar{x} + \frac{\sigma}{\sqrt{n}}\bar{z}\right]$, wobei das $\left(1 - \frac{\alpha}{2}\right)$-Quantil $\bar{z} = z_{1-0{,}5\alpha}$ der standardisierten Normalverteilung im Tabellenwerk auf der Seite 46 zu finden ist oder aus $\Phi(\bar{z}) = 1 - \frac{\alpha}{2}$ mit Hilfe der Seiten 41 bis 46 gewonnen werden kann.

Vertrauensbereich für *p* bei binomialverteilter Grundgesamtheit
Bei einer Stichprobe von n unabhängigen Wiederholungen eines BERNOULLIexperimentes sei das Ereignis A k-mal eingetreten. Die relative Häufigkeit $\hat{p} = \frac{k}{n}$ ist Schätzgröße für die unbekannte Wahrscheinlichkeit $P(A) = p$. Läßt sich die Binominalverteilung gut durch die Normalverteilung approximieren (Faustregel: $n\hat{p}((1 - \hat{p}) \geq 9)$, so ergibt sich zur Sicherheitswahrscheinlichkeit $1 - \alpha$ das Vertrauensintervall $[p_1; p_2]$ für p wie folgt: Die Intervallgrenzen p_1 und p_2 sind Lösungselemente der quadratischen Gleichung $(n + \bar{z}^2)p^2 - (2n\hat{p} + \bar{z}^2)p + n\hat{p}^2 = 0$, wobei sich das $(1 - 0{,}5\alpha)$-Quantil $\bar{z} = z_{1-0{,}5\alpha}$ der standardisierten Normalverteilung aus $\Phi(\bar{z}) = 1 - 0{,}5\alpha$ ergibt (Tabellenwerk Seiten 41 bis 46 oder direkt Seite 46).

Register mathematischer Begriffe

Sammlung physikalischer Daten und Größen

Physikalische Größen im internationalen Einheitensystem (SI-System)

Größen aus der Mechanik

Physikalische Größe (Name)	Formel-Zeichen	Definitionsgleichung, physikalisches Gesetz	SI-Einheit Bemerkung
Länge; Weg; Radius	l; s; r	Basisgröße	m (Meter)
Flächeninhalt	A	$A = l^2$ (beim Quadrat)	m^2; $100\ \mathrm{m}^2 = 1\ \mathrm{a}$ (Ar)
Volumen	V	$V = l^3$ (beim Würfel)	m^3; $1\ \mathrm{dm}^3 = 1\ \mathrm{l}$ (Liter)
Zeit; Periodendauer	t; T	Basisgröße; $T = \frac{t}{n}$	s (Sekunde)
Frequenz	f	$f = \frac{1}{T}$; $f = \frac{\omega}{2\pi}$	$\frac{1}{\mathrm{s}} = \mathrm{Hz}$ (Hertz)
Geschwindigkeit	$\vec{v}$	$v = \frac{\Delta s}{\Delta t}$ für $\Delta t \to 0$; $v = \dot{s}$	$\frac{\mathrm{m}}{\mathrm{s}}$; $1\ \frac{\mathrm{m}}{\mathrm{s}} = 3{,}6\ \frac{\mathrm{km}}{\mathrm{h}}$
Beschleunigung	$\vec{a}$	$a = \frac{\Delta v}{\Delta t}$ für $\Delta t \to 0$; $a = \dot{v} = \ddot{s}$	$\frac{\mathrm{m}}{\mathrm{s}^2}$
Masse	m	Basisgröße	kg (Kilogramm); 1000 kg = 1 t (Tonne)
Dichte (Stoff homogen)	ϱ	$\varrho = \frac{m}{V}$	$\frac{\mathrm{kg}}{\mathrm{m}^3}$; $1000\ \frac{\mathrm{kg}}{\mathrm{m}^3} = 1\ \frac{\mathrm{t}}{\mathrm{m}^3} = 1\ \frac{\mathrm{kg}}{\mathrm{dm}^3} = 1\ \frac{\mathrm{g}}{\mathrm{cm}^3}$
Kraft	$\vec{F}$	$F = m \cdot a$; $F = \frac{\Delta p}{\Delta t}$ für $\Delta t \to 0$	$\frac{\mathrm{kg\ m}}{\mathrm{s}^2} = \mathrm{N}$ (Newton)

Gewichtskraft	$\vec{G}$	$G = m \cdot g$	N; $g \approx 9{,}81\ \frac{m}{s^2}$; $g_n = 9{,}80665\ \frac{m}{s^2}$
Federkonstante	D	$D = \frac{F}{s}$	$\frac{N}{m} = \frac{kg}{s^2}$
Impuls	$\vec{p}$	$p = m \cdot v;\ \Delta p = F \cdot \Delta t$	$\frac{kg\ m}{s} = N\ s$
Arbeit	W	$W = F \cdot s \cdot \cos\alpha;\ dW = \vec{F} \cdot d\vec{s}$	$N\ m = W\ s = \frac{kg\ m^2}{s^2}$ = J (Joule)
Leistung	P	$P = \frac{\Delta W}{\Delta t}$ für $\Delta t \to 0$; $P = \vec{F} \cdot \vec{v}$	$\frac{J}{s} = \frac{N\ m}{s} = \frac{kg\ m^2}{s^3}$ = W (Watt)
Druck	p	$p = \frac{F_n}{A};\ p_{hy} = \varrho \cdot g \cdot h$	$\frac{N}{m^2} = \frac{kg}{m\ s^2}$ = Pa (Pascal)
ebener Winkel; Drehwinkel	$\vec{\varphi}$	$\varphi = \frac{b}{r}$	$\frac{m}{m}$ = 1 rad (Radiant); 1 rad = $\frac{360°}{2\pi}$
Winkelgeschwindigkeit	$\vec{\omega}$	$\omega = \frac{\Delta\varphi}{\Delta t}$ für $\Delta t \to 0$; $\omega = \dot{\varphi}$	$\frac{rad}{s}$ auch $\frac{1}{s}$
Winkelbeschleunigung	$\vec{\alpha}$	$\alpha = \frac{\Delta\omega}{\Delta t}$ für $\Delta t \to 0$; $\alpha = \dot{\omega}$	$\frac{rad}{s^2}$ auch $\frac{1}{s^2}$
Zentripetalkraft	$\vec{F_Z}$	$F_Z = m \cdot a_Z = \frac{m \cdot v^2}{r} = m\omega^2 r$	$N = \frac{kg\ m}{s^2}$
Drehmoment	$\vec{M}$	$M = r \cdot F \cdot \sin\alpha;\ M = J \cdot \alpha$	$N\ m = \frac{kg\ m^2}{s^2}$
Trägheitsmoment	J	$J = \sum_i r_i^2 m_i;\ J = \int^K r^2 dm$	$kg\ m^2$
Drehimpuls	$\vec{L}$	$L = J \cdot \omega$	$\frac{kg\ m^2}{s} = N\ m\ s$

Größen aus der Wärmelehre

Temperatur (absolute)	T	Basisgröße	K (Kelvin)
Celsiustemperatur	ϑ	$\vartheta = T\frac{°C}{K} - 273{,}15°C;\ \Delta\vartheta = \Delta T$	°C (Grad Celsius); °C = K
Wärmemenge	Q	$Q = c \cdot m \cdot \Delta T$	J (Joule)
spezifische Wärmekapazität	c	$c = \frac{Q}{m \cdot \Delta T}$	$\frac{J}{kg\ K} = \frac{m^2}{s^2 K}$
Universelle Gaskonstante	R	$R = \frac{p \cdot V}{\nu \cdot T}$ (ideales Gas)	$\frac{Pa \cdot m^3}{mol \cdot K} = \frac{J}{K \cdot mol}$
Längenausdehnungskoeffizient	α	$\alpha = \frac{\Delta l}{l_0 \cdot \Delta T}$	$\frac{1}{K}$

Größen aus der Optik

Brennweite einer Linse	f	$\frac{1}{f} = \frac{1}{g} + \frac{1}{b}$ (Linsengleichung)	m; *g*: Gegenstandsweite, *b*: Bildweite
Brechkraft einer Linse	D	$D = \frac{1}{f}$	$\frac{1}{m}$ = dpt (Dioptrie)
Raumwinkel	Ω	$\Omega = \frac{A}{r^2}$	$\frac{m^2}{m^2}$ = 1sr (Steradiant)
Lichtstärke	I_v	Basisgröße	cd (Candela)
Beleuchtungsstärke	E_v	$E_v = \frac{I_v \cdot \Omega}{A}$	$\frac{cd \cdot sr}{m^2}$ = lx (Lux)
Wellenlänge	λ	Basisgröße Länge	m
Wellenausbreitungsgeschwindigkeit	$\vec{c}$	$c = \lambda \cdot f$	$\frac{m}{s}$

Größen aus der Elektrizitätslehre

elektrische Stromstärke	I	Basisgröße; $I = \dot{Q} = \lim\limits_{\Delta t \to 0} \frac{\Delta Q}{\Delta t}$	A (Ampere)
elektrische Ladung	Q; q	$Q = I \cdot t$; $dQ = I \cdot dt$	A s = C (Coulomb)
elektrische Feldstärke	$\vec{E}$	$E = \frac{F}{q}$; $E = \frac{\Delta U}{\Delta s}$	$\frac{\text{N}}{\text{C}} = \frac{\text{V}}{\text{m}}$; q: Probeladung
Elektrische Flußdichte (Flächendichte σ)	$\vec{D}$; $\vec{\sigma}$	$\sigma = D = \frac{Q}{A}$; $D = \varepsilon_0 \varepsilon_r E$	$\frac{\text{C}}{\text{m}^2}$; ε_0: elektrische Feldkonstante ε_r: Dielektrizitätszahl
elektrische Spannung	U	$U_{AB} = \frac{W_{AB}}{Q} = \int_A^B \vec{E} \cdot d\vec{s}$	$\frac{\text{J}}{\text{C}} = \frac{\text{W}}{\text{A}} = \frac{\text{kg m}^2}{\text{s}^3\text{A}} = \text{V}$ (Volt)
elektrische Arbeit des Stromes	W	$W = U \cdot Q = U \cdot I \cdot t$; $dW = U \cdot I \cdot dt$	J
elektrische Leistung	P	$P = \dot{W} = \lim\limits_{\Delta t \to 0} \frac{\Delta W}{\Delta t}$; $P = U \cdot I$	$\frac{\text{J}}{\text{s}} = \text{W}$ (Watt)
Ohmscher Widerstand	R	$R = \frac{U}{I}$	$\frac{\text{V}}{\text{A}} = \frac{\text{kg m}^2}{\text{s}^3\text{A}^2} = \Omega$ (Ohm)
Leitwert	G	$G = \frac{1}{R} = \frac{I}{U}$	$\frac{\text{A}}{\text{V}} = \frac{1}{\Omega} = \text{S}$ (Siemens)
Spezifischer Widerstand eines Drahtes	ϱ	$\varrho = R \frac{A}{l}$	Ωm; $1\ \Omega\text{m} = 10^6 \frac{\Omega\ \text{mm}^2}{\text{m}}$
Kapazität	C	$C = \frac{Q}{U}$	$\frac{\text{C}}{\text{V}} = \frac{\text{A}^2\text{s}^4}{\text{kg m}^2} = \text{F}$ (Farad)
magnetische Flußdichte	$\vec{B}$	$B = \frac{F}{I \cdot s \cdot \sin\varphi}$; $F_L = q(\vec{v} \times \vec{B})$	$\frac{\text{N}}{\text{A m}} = \frac{\text{V s}}{\text{m}^2} = \frac{\text{kg}}{\text{s}^2\text{A}} = \text{T}$ (Tesla)
magnetische Feldstärke	$\vec{H}$	$H = I_{err} \frac{n}{l}$ (in langer Spule)	$\frac{\text{A}}{\text{m}}$
Permeabilitätszahl	μ_r	$B = \mu_0 \mu_r H$	μ_0: magnetische Feldkonstante
magnetischer Fluß	Φ	$\Phi = B \cdot A \cdot \cos\varphi = B \cdot A_s$; $\Delta\Phi = U_{ind} \Delta t$	V s = Wb (Weber)
induzierte Spannung	U_{ind}	$U_{ind} = B \cdot d \cdot v \cdot \cos\varphi$; $U_{ind} = -n\,\dot{\Phi}$	V
Induktivität	L	$L = -\frac{U_{ind}}{\dot{I}}$ mit $\dot{I} = \lim\limits_{\Delta t \to 0} \frac{\Delta I}{\Delta t}$	$\frac{\text{V s}}{\text{A}} = \frac{\text{kg m}^2}{\text{s}^2\text{A}^2} = \text{H}$ (Henry)

Zur Aktivität radioaktiver Substanzen

Aktivität	A	$A = \frac{\Delta N}{\Delta t}$ für $\Delta t \to 0$;	$\frac{1}{\text{s}} = \text{Bq}$ (Becquerel); 1 Curie = $3{,}7 \cdot 10^{10}$Bq
Energiedosis	K	$K = \frac{\Delta W}{\Delta m}$	$\frac{\text{J}}{\text{kg}} = \text{Gy}$ (Gray); 1 Rad (rd) = 0,01 Gy
Ionendosis	J	$J = \frac{\Delta Q}{\Delta m}$	$\frac{\text{C}}{\text{kg}} = \text{Sv}$ (Sievert); 1 Röntgen = $2{,}58 \cdot 10^{-4}$Sv

Maßgebend für die biologische Wirkung: Äquivalentdosis (früher in Rem) = K (in Rad) mal Qualitätsfaktor. Typische Qualitätsfaktoren: Elektronen1; Gammastrahlung 1; Neutronen 3 bis 10, α-Teilchen 10 bis 20.

Vorsilben für Dezimale Vielfache und Teile von Einheiten

10^{-18}	10^{-15}	10^{-12}	10^{-9}	10^{-6}	10^{-3}	10^{-2}	10^{-1}	10^{1}	10^{2}	10^{3}	10^{6}	10^{9}	10^{12}
a	f	p	n	µ	m	c	d	da	h	k	M	G	T
Atto	Femto	Pico	Nano	Mikro	Milli	Zenti	Dezi	Deka	Hekto	Kilo	Mega	Giga	Tera

Beispiele: 3 km = $3 \cdot 10^3$ m (drei Kilometer); 2 MΩ = $2 \cdot 10^6$ Ω (zwei Megaohm); 5 nm = $5 \cdot 10^{-9}$ m (fünf Nanometer).

Physikalische Konstanten (Naturkonstanten)

Die in Klammer beigegebene Zahl gibt die Unsicherheit an; es handelt sich um die Standardabweichung, ausgedrückt in Einheiten der letzten Ziffer des angegebenen Wertes der Konstanten.

Beispiel: $f = 6{,}6720(41) \cdot 10^{-11}\,\mathrm{N\,m^2kg^{-2}}$ steht für $f = (6{,}6720 \pm 0{,}0041) \cdot 10^{-11}\,\mathrm{N\,m^2kg^{-2}}$.

Mechanik

Gravitationskonstante	f	$= 6{,}6720(41) \cdot 10^{-11}\,\mathrm{N\,m^2kg^{-2}} = 6{,}6720(41) \cdot 10^{-11}\,\mathrm{m^3kg^{-1}s^{-2}}$
Vakuumlichtgeschwindigkeit ...	c	$= 2{,}99792458(1) \cdot 10^8\,\mathrm{m\,s^{-1}}$

Wärmelehre

Normbedingungen (NB): Normtemperatur ...	T_n	$= 273{,}15\,\mathrm{K} = 0\,°\mathrm{C}$, Normdruck $p_n = 101\,325\,\mathrm{Pa}$
Molvolumen idealer Gase bei NB	V_{mn}	$= 22{,}41383(70) \cdot 10^{-3}\,\mathrm{m^3 \cdot mol^{-1}}$
Molare (universelle) Gaskonstante	R	$= 8{,}31441(26)\,\mathrm{J\,K^{-1}mol^{-1}}$
Avogadro-Konstante (Loschmidtsche Zahl) ...	N_A	$= 6{,}022045(31) \cdot 10^{23}\,\mathrm{mol^{-1}}$
Boltzmann-Konstante	k	$= R : N_A = 1{,}380662(44) \cdot 10^{-23}\,\mathrm{J\,K^{-1}}$
Stefan-Boltzmann-Konstante	σ	$= 5{,}67032(71) \cdot 10^{-8}\,\mathrm{W\,m^{-2}K^{-4}}$

Elektrizitätslehre

Faraday-Konstante	F	$= N_A \cdot e = 96484{,}56(27)\,\mathrm{C\,mol^{-1}}$
Elektrische Feldkonstante	ε_0	$= \mu_0^{-1}c^{-2} = 8{,}854187818(71) \cdot 10^{-12}\,\mathrm{A\,s\,V^{-1}m^{-1}}$
Magnetische Feldkonstante	μ_0	$= 4\pi \cdot 10^{-7}\,\mathrm{V\,s\,A^{-1}m^{-1}} = 1{,}256637 \cdot 10^{-6}\,\mathrm{V\,s\,A^{-1}m^{-1}}$

Atomphysik

Atomare Masseneinheit	$1\,u$	$= 1 : N_A = 1{,}6605655(86) \cdot 10^{-27}\,\mathrm{kg} \triangleq 931{,}5016(26)\,\mathrm{MeV}$
Ruhemasse des Elektrons	m_e	$= 9{,}109534(47) \cdot 10^{-31}\,\mathrm{kg} \triangleq 0{,}5110034(14)\,\mathrm{MeV}$
des Protons	m_p	$= 1{,}6726485(86) \cdot 10^{-27}\,\mathrm{kg} \triangleq 938{,}2796(27)\,\mathrm{MeV}$; $m_p = 1836{,}15\,m_e$
des Neutrons	m_n	$= 1{,}6749543(86) \cdot 10^{-27}\,\mathrm{kg} \triangleq 939{,}5731(27)\,\mathrm{MeV}$; $m_n = 1838{,}68\,m_e$
Elementarladung	e	$= 1{,}6021892(46) \cdot 10^{-19}\,\mathrm{C}$
Plancksches Wirkungsquant ...	h	$= 6{,}626176(36) \cdot 10^{-34}\,\mathrm{J\,s}$
Rydberg-Konstanten	R_∞	$= 1{,}097373177(83) \cdot 10^7\,\mathrm{m^{-1}}$; $R_H = 1{,}0967758(1) \cdot 10^7\,\mathrm{m^{-1}}$
Feinstruktur-Konstante	α	$= 7{,}2973506(60) \cdot 10^{-3}$
Comptonwellenlänge	λ_C	$= 2{,}4263089(40) \cdot 10^{-12}\,\mathrm{m}$
Bohrscher Radius	a_0	$= 5{,}2917706(44) \cdot 10^{-11}\,\mathrm{m}$

Einige instabile (radioaktive) Nuklide mit den Halbwertszeiten T

freies Neutron	${}^1_0\mathrm{n}$	$T = 10{,}6\,\mathrm{m}$	$\beta^-(0{,}8\,\mathrm{MeV})$
Tritium	${}^3_1\mathrm{H}$	$T = 12{,}323\,\mathrm{a}$	$\beta^-(0{,}02\,\mathrm{MeV})$
Kohlenstoff	${}^{14}_6\mathrm{C}$	$T = 5730\,\mathrm{a}$	$\beta^-(0{,}2\,\mathrm{MeV})$; keine γ-Strahlung
Polonium	${}^{214}_{84}\mathrm{Po}$	$T = 164\,\mu\mathrm{s}$	$\alpha(7{,}6869\,\mathrm{MeV})$; $\gamma(800\,\mathrm{keV}; 298\,\mathrm{keV})$
Thoron	${}^{220}_{86}\mathrm{Rn}$	$T = 55{,}6\,\mathrm{s}$	$\alpha(6{,}288\,\mathrm{MeV})$; $\gamma(550\,\mathrm{keV})$
Radium	${}^{226}_{88}\mathrm{Ra}$	$T = 1600\,\mathrm{a}$	$\alpha(4{,}78438\,\mathrm{MeV}, 4{,}6017\,\mathrm{MeV})$; $\gamma(186\,\mathrm{keV}, 262\,\mathrm{keV})$
Uran	${}^{235}_{92}\mathrm{U}$	$T = 7{,}038 \cdot 10^8\,\mathrm{a}$	$\alpha(4{,}400\,\mathrm{MeV})$; Spontanspaltung $\gamma(186\,\mathrm{keV})$
Uran	${}^{238}_{92}\mathrm{U}$	$T = 4{,}468 \cdot 10^9\,\mathrm{a}$	$\alpha(4{,}197\,\mathrm{MeV})$; Spontanspaltung $\gamma(50\,\mathrm{keV})$
Plutonium	${}^{239}_{94}\mathrm{Pu}$	$T = 2{,}411 \cdot 10^4\,\mathrm{a}$	$\alpha(5{,}157\,\mathrm{MeV}; 5{,}144\,\mathrm{Mev})$; Spontanspaltung $\gamma(52\,\mathrm{keV})$

Hauptgruppen des Periodensystems

Beispiel:

238,029
(238)
*U
92 9/2
Uran

238,029 Standard-Atommasse bezogen auf das Kohlenstoff-Isotop ^{12}C (relative Atommasse der natürlich vorkommenden Isotopenmischung in atomaren Masseneinheiten u, $1 u = 1,660566 \cdot 10^{-27}$ kg)

* Alle Isotope sind instabil.

(238) Nukleonenzahl des Isotops mit der längsten Halbwertszeit

92 Ordnungszahl; sie entspricht der Protonenzahl und der Elektronenzahl

9/2 Anzahl der Elektronen in den beiden äußersten Schalen. Hier: 9 Elektronen in der P-Schale, 2 Elektronen in der Q-Schale und somit (92-2-8-18-32-9-2) Elektronen = 21 Elektronen in der O-Schale.

I	II	III a	IV a	V a	VI a	VII a	VIII a	VIII a	VIII a	I a	II a	III	IV	V	VI	VII	VIII	Schale
		Nebengruppen																
1,0079 **H** 1 1 Wasserstoff																	4,00260 **He** 2 2 Helium	**K**
6,941 **Li** 3 2/1 Lithium	9,01218 **Be** 4 2/2 Beryllium											10,81 **B** 5 2/3 Bor	12,011 **C** 6 2/4 Kohlenstoff	14,0067 **N** 7 2/5 Stickstoff	15,9994 **O** 8 2/6 Sauerstoff	18,9984 **F** 9 2/7 Fluor	20,179 **Ne** 10 2/8 Neon	**L**
22,9898 **Na** 11 8/1 Natrium	24,305 **Mg** 12 8/2 Magnesium											26,9815 **Al** 13 8/3 Aluminium	28,0855 **Si** 14 8/4 Silicium	30,9738 **P** 15 8/5 Phosphor	32,06 **S** 16 8/6 Schwefel	35,453 **Cl** 17 8/7 Chlor	39,948 **Ar** 18 8/8 Argon	**M**
39,098 **K** 19 8/1 Kalium	40,08 **Ca** 20 8/2 Calcium	44,956 **Sc** 21 9/2 Scandium	47,88 **Ti** 22 10/2 Titan	50,941 **V** 23 11/2 Vanadium	51,996 **Cr** 24 13/1 Chrom	54,938 **Mn** 25 13/2 Mangan	55,847 **Fe** 26 14/2 Eisen	58,933 **Co** 27 15/2 Kobalt	58,69 **Ni** 28 16/2 Nickel	63,546 **Cu** 29 18/1 Kupfer	65,39 **Zn** 30 18/2 Zink	69,72 **Ga** 31 18/3 Gallium	72,59 **Ge** 32 18/4 Germanium	74,922 **As** 33 18/5 Arsen	78,96 **Se** 34 18/6 Selen	79,904 **Br** 35 18/7 Brom	83,80 **Kr** 36 18/8 Krypton	**N**
85,468 **Rb** 37 8/1 Rubidium	87,62 **Sr** 38 8/2 Strontium	88,906 **Y** 39 9/2 Yttrium	91,224 **Zr** 40 10/2 Zirkonium	92,906 **Nb** 41 12/1 Niob	95,94 **Mo** 42 13/1 Molybdän	(98) ***Tc** 43 13/2 Technetium	101,07 **Ru** 44 15/1 Ruthenium	102,906 **Rh** 45 16/1 Rhodium	106,42 **Pd** 46 18/0 Palladium	107,868 **Ag** 47 18/1 Silber	112,41 **Cd** 48 18/2 Cadmium	114,82 **In** 49 18/3 Indium	118,710 **Sn** 50 18/4 Zinn	121,75 **Sb** 51 18/5 Antimon	127,60 **Te** 52 18/6 Tellur	126,905 **I** 53 18/7 Jod	131,29 **Xe** 54 18/8 Xenon	**O**
132,905 **Cs** 55 8/1 Cäsium	137,33 **Ba** 56 8/2 Barium	57 bis 71	178,49 **Hf** 72 10/2 Hafnium	180,948 **Ta** 73 11/2 Tantal	183,85 **W** 74 12/2 Wolfram	186,207 **Re** 75 13/2 Rhenium	190,2 **Os** 76 14/2 Osmium	192,22 **Ir** 77 15/2 Iridium	195,08 **Pt** 78 17/1 Platin	196,967 **Au** 79 18/1 Gold	200,59 **Hg** 80 18/2 Quecksilber	204,383 **Tl** 81 18/3 Thallium	207,2 **Pb** 82 18/4 Blei	208,980 **Bi** 83 18/5 Wismut	(209) ***Po** 84 18/6 Polonium	(210) ***At** 85 18/7 Astatin	(222) ***Rn** 86 18/8 Radon	**P**
(223) ***Fr** 87 8/1 Francium	226,025 (226) ***Ra** 88 8/2 Radium	89 bis 103	(261) ***Ku** 104 10/2 Kurtschatovium	(262) ***Ha** 105 Hahnium	(263) ***Unh** 106 Unnilhexium	(262) ***Uns** 107 Unnilseptium												**Q**

Lanthaniden	138,906 **La** 57 9/2 Lanthan	140,12 **Ce** 58 8/2 Cer	140,908 **Pr** 59 8/2 Praseodym	144,24 **Nd** 60 8/2 Neodym	(145) ***Pm** 61 8/2 Promethium	150,36 **Sm** 62 8/2 Samarium	151,96 **Eu** 63 8/2 Europium	157,25 **Gd** 64 9/2 Gadolinium	158,925 **Tb** 65 8/2 Terbium	162,50 **Dy** 66 8/2 Dysprosium	164,930 **Ho** 67 8/2 Holmium	167,26 **Er** 68 8/2 Erbium	168,934 **Tm** 69 8/2 Thulium	173,04 **Yb** 70 8/2 Ytterbium	174,967 **Lu** 71 9/2 Lutetium
Actiniden	227,028 (227) ***Ac** 89 9/2 Actinium	232,038 (232) ***Th** 90 10/2 Thorium	231,036 (231) ***Pa** 91 9/2 Protactinium	238,029 (238) ***U** 92 9/2 Uran	237,048 (237) ***Np** 93 9/2 Neptunium	(244) ***Pu** 94 9/2 Plutonium	(243) ***Am** 95 8/2 Americium	(247) ***Cm** 96 9/2 Curium	(247) ***Bk** 97 9/2 Berkelium	(251) ***Cf** 98 9/2 Californium	(252) ***Es** 99 9/2 Einsteinium	(257) ***Fm** 100 9/2 Fermium	(258) ***Md** 101 9/2 Mendelevium	(259) ***No** 102 9/2 Nobelium	(260) ***Lr** 103 9/2 Lawrencium